満点ゲットシリーズ

る子ちゃんの

語源教室

キャラクター原作／
さくらももこ

著／荒尾禎秀
東京学芸大学名誉教授

この本《ほん》に出《で》てくる人《ひと》たち

お父《とう》さん
ヒロシ
のんき者《もの》。

お母《かあ》さん
まる子《こ》の世話《せわ》を焼《や》く。

お姉《ねえ》ちゃん
まる子《こ》に迷惑《めいわく》をかけられることが多《おお》い。

おじいちゃん
（友蔵《ともぞう》）
まる子《こ》のいちばんの味方《みかた》で仲良《なかよ》し。

おばあちゃん
友蔵《ともぞう》の妻《つま》。

たまちゃん
まる子《こ》の親友《しんゆう》。

まる子《こ》ちゃん
おっちょこちょいでなまけ者《もの》。

花輪《はなわ》クン
お金持《かねも》ちのおぼっちゃま。

丸尾《まるお》くん
「ズバリ」がくちぐせ。

暗《くら》い二人組《ふたりぐみ》。

藤木《ふじき》くん

永沢《ながさわ》くん

野口《のぐち》さん
お笑《わら》い好《ず》きな少女《しょうじょ》。

小杉《こすぎ》
くいしん坊《ぼう》。

山田《やまだ》
クラスの困《こま》った男子《だんし》。

はまじ
クラスの男子《だんし》。

ブー太郎《たろう》
「ブー」というのが口《くち》ぐせ。

二人《ふたり》は親友《しんゆう》。
杉山《すぎやま》くん
大野《おおの》くん
関口《せきぐち》くん
いたずらっ子《こ》
でやんちゃ。
山根《やまね》くん
胃腸《いちょう》が弱《よわ》い。
長山《ながやま》くん
とてもやさしい
男《おとこ》の子《こ》。
冬田《ふゆた》さん
大野《おおの》くんを
好《す》き。
城ヶ崎《じょうがさき》さん
美人《びじん》なので
みぎわさんに
意地悪《いじわる》されている。
前田《まえだ》さん
短気《たんき》でいばってる。
でも反撃《はんげき》されると
すぐ泣《な》く。
みぎわさん
花輪《はなわ》クンにお熱《ねつ》。
とし子《こ》ちゃん
女《おんな》の子《こ》らしい
やさしい子《こ》。
かよちゃん
杉山《すぎやま》くんを
好《す》き。
笹山《ささやま》さん
藤木《ふじき》くんに
好《す》かれている。
はまじのじいさん
戸川先生《とがわせんせい》
クラスの担任《たんにん》。
やさしくて人気者《にんきもの》。
校長先生《こうちょうせんせい》
集会《しゅうかい》での
話《はなし》が長《なが》い。
ヒデじい
花輪《はなわ》クンちの
運転手《うんてんしゅ》。みんなか
ら好《す》かれている。
佐々木《ささき》のじいさん
三十年間《ねんかん》町《まち》に
木《き》を植《う》えつづけ
ている。
中野《なかの》さん
おじいちゃんの
友《とも》だち。
はずかしがり屋《や》。
野口《のぐち》のじいさん
たまちゃんの
お父《とう》さん
たまちゃんの
お母《かあ》さん

もくじ

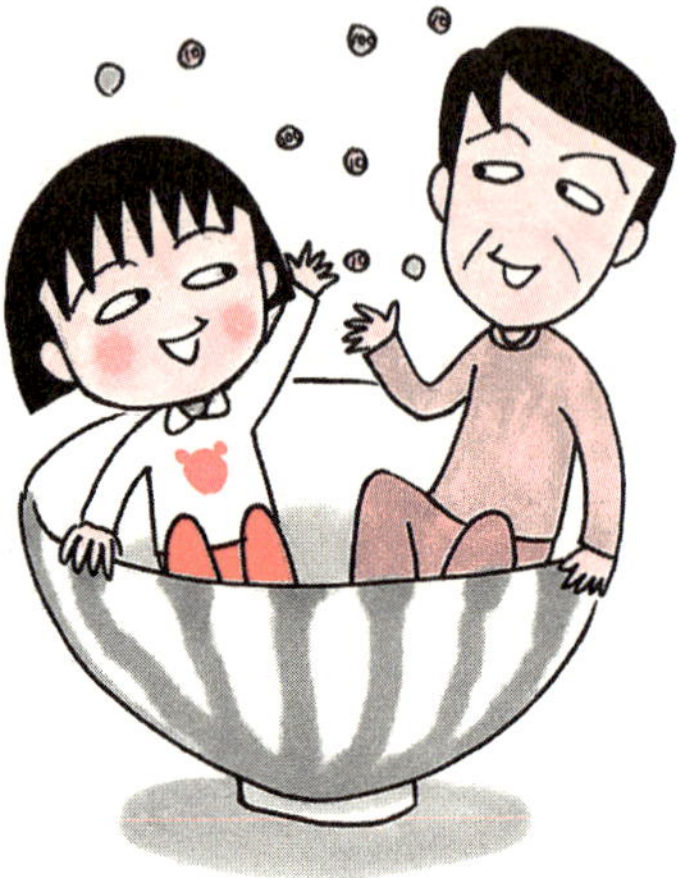

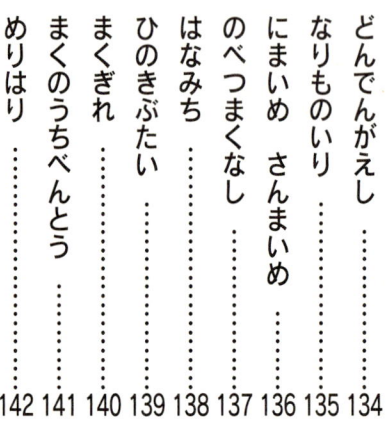

荒尾先生《あらおせんせい》の 語源《ごげん》の楽《たの》しみ

荒尾《あらお》 禎秀《よしひで》

「語源《ごげん》」は言葉《ことば》の誕生物語《たんじょうものがたり》です。一《ひと》つ一《ひと》つの言葉《ことば》には、その言葉《ことば》ができた事情《じじょう》、いわれ、由来《ゆらい》があるのです。ちょうど皆《みな》さん一人一人《ひとりひとり》に名前《なまえ》があって、その名前《なまえ》には、つけられたわけがあるように、です。人《ひと》と同《おな》じように言葉《ことば》も生《う》まれたあと、成長《せいちょう》します。背丈《せたけ》や体重《たいじゅう》が変《か》わるように、形《かたち》が変《か》わったり、意味《いみ》が変《か》わったりするのです。言葉《ことば》の成《な》り立《た》ちと成長《せいちょう》ぶりもふくめて、この本《ほん》では「語源《ごげん》」と考《かんが》えています。

すべての言葉《ことば》には由来《ゆらい》があるのですが、もちろん、今《いま》となっては語源《ごげん》がわからなくなっている言葉《ことば》もたくさんあります。

ここでは、「話《はな》す」という言葉《ことば》の由来《ゆらい》について少《すこ》しお話《はなし》をしてみましょう。「話《はな》す」という言葉《ことば》は、どうしてできたのでしょうか。

「はなす」という言葉《ことば》は、「話《はな》す」以外《いがい》にも使《つか》いますね。そうです、「ハトを大空《おおぞら》に放《はな》す」「席《せき》を離《はな》す」の「はなす」です。「はなす」という言葉《ことば》の意《い》味《み》は「自分《じぶん》とくっついているものを分《わ》ける」ということです。では「話《はな》す」はこの「放《はな》す」や「離《はな》す」と関係《かんけい》があるのでしょうか。これが大《おお》ありなのです。心《こころ》の中《なか》で、ああだこうだ、こうすればよかった、こうかもしれない、どうしたらいいか、などとモンモンとしている思《おも》いを言葉《ことば》にして外《そと》に

吐《は》き出《だ》すこと、それが「はなす（話《はな》す）」だったのです。心《こころ》の思《おも》いを声《こえ》にして外《そと》に放《はな》すのです。「放《はな》す」も「離《はな》す」も「話《はな》す」も、むかしは全部《ぜんぶ》「はなつ」という形《かたち》でしたが、「はなす」に変化《へんか》しました。「話《はな》す」はそれで固定《こてい》しましたが、「放《はな》す」のほうは今《いま》でも「光《ひかり》を放《はな》つ」のように古《ふる》い形《かたち》でも使《つか》われます。

このように一《ひと》つ一《ひと》つの言葉《ことば》の由来《ゆらい》や成《せい》長《ちょう》は、知《し》ってみるととてもおもしろいものなのです。

この本《ほん》には、皆《みな》さんがよく知《し》っている言葉《ことば》や、知《し》っていてもよい言葉《ことば》の「語源《ごげん》」が書《か》かれています。また、おもしろい語源《ごげん》や、ちょっと知《し》っておくと便利《べんり》な語源《ごげん》も盛《も》りだくさんです。

ちびまる子《こ》ちゃんといっしょに、大《おお》いに「語源《ごげん》」を楽《たの》しみ、日本語《にほんご》への興味《きょうみ》を大《おお》きくしていってください。

荒尾《あらお》 禎秀《よしひで》先生《せんせい》
東京学芸大学名誉教授《とうきょうがくげいだいがくめいよきょうじゅ》

1944年《ねん》(昭和《しょうわ》19年《ねん》)7月《がつ》26日《にち》生《う》まれ。
著書《ちょしょ》・論文《ろんぶん》
●『ことばのはじめ ことばのふるさと』
〈「ことばの探検《たんけん》シリーズ 第《だい》3巻《かん》」飛田良文《ひだよしふみ》と共著《きょうちょ》 1997年《ねん》4月《がつ》 アリス館《かん》〉
●「語彙史資料《ごいししりょう》としての『小学読本《しょうがくとくほん》』字引《じびき》」
〈『国語語彙史《こくごごいし》の研究《けんきゅう》 五』1984年《ねん》 和泉書院《いずみしょいん》〉
●「形容動詞化《けいようどうしか》する漢語《かんご》—「具体《ぐたい》」と「具体的《ぐたいてき》」の場合《ばあい》—」
〈『東京学芸大学紀要《とうきょうがくげいだいがくきよう》 第《だい》56集《しゅう》』2005年《ねん》〉など
星座《せいざ》・血液型《けつえきがた》 獅子座《ししざ》・A型《がた》
趣味《しゅみ》 中国旅行《ちゅうごくりょこう》・温泉《おんせん》

第《だい》一章《しょう》

会《かい》話《わ》がいきいきしてくる言《こと》葉《ば》

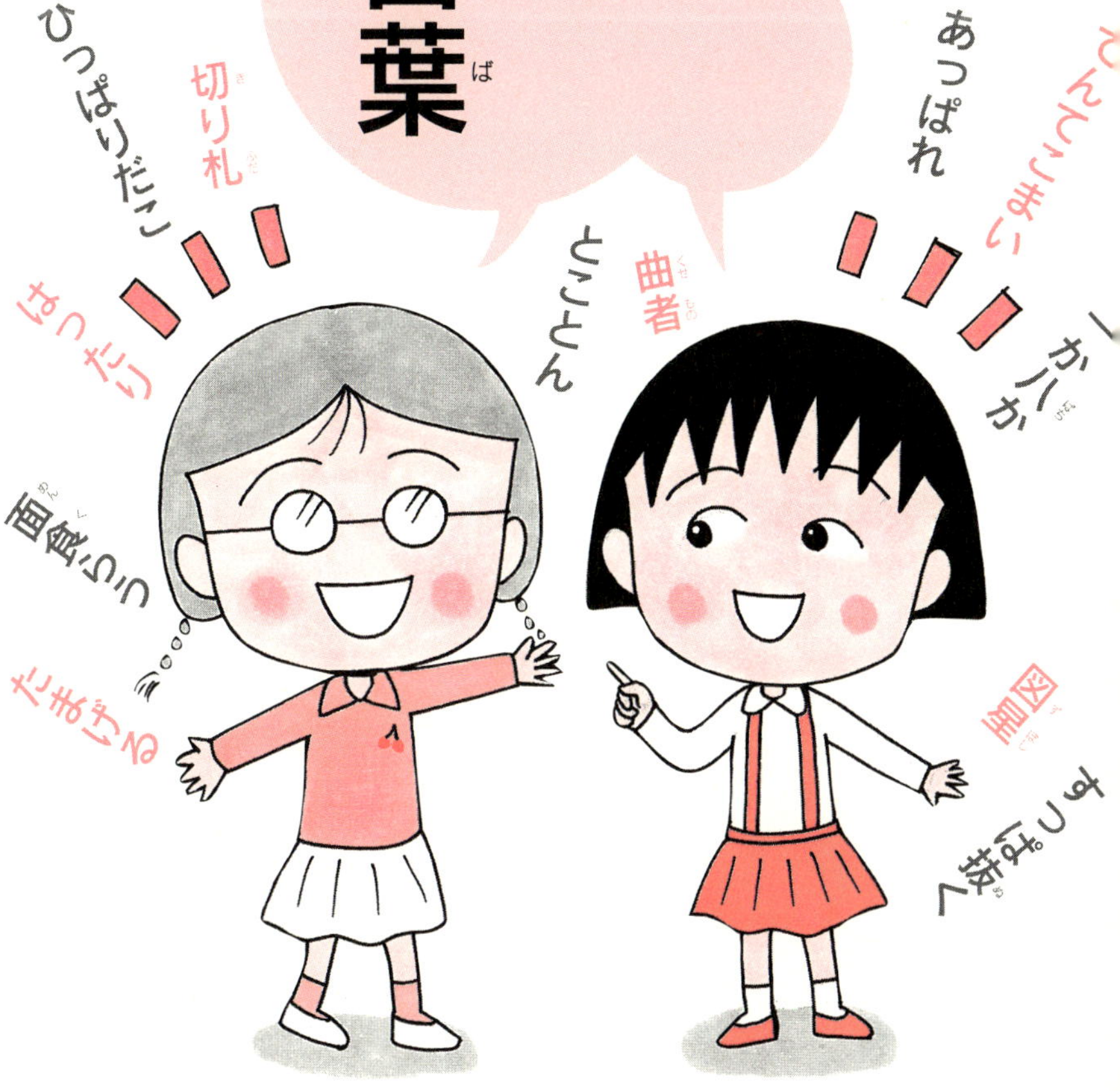

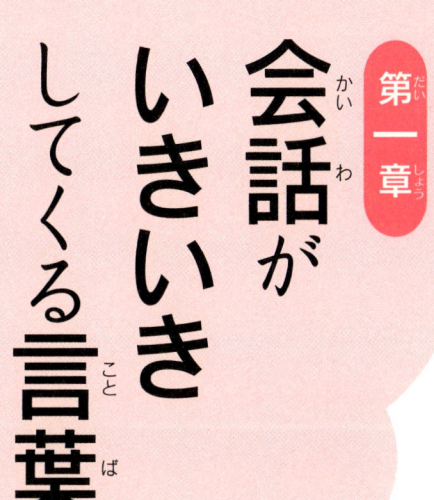

あっぱれ
天晴れ

意味《いみ》

①感動《かんどう》するほどに優《すぐ》れたようす。

②「よくやった」という時《とき》に言《い》うほめ言葉《ことば》。

語源《ごげん》

今《いま》の言葉《ことば》で言《い》うと「あわれ」が、この言葉《ことば》の起源《きげん》です。「あわれ」は平安時代《へいあんじだい》には「あふぁれ」と発音《はつおん》していました。その強《つよ》めた語形《ごけい》が「あっぱれ」です。

もともと「あわれ」は、感情的《かんじょうてき》にとても強《つよ》い気持《きも》ちを抱《いだ》いた時《とき》に使《つか》う言葉《ことば》。すごく悲《かな》しい、すごくうれしい、おみごと、といろいろ幅広《はばひろ》く使《つか》いました。時代《じだい》がたつと「あわれ」は悲《かな》しみだけに、「あっぱれ」はほめる気持《きも》ちの時《とき》にと、役割分担《やくわりぶんたん》をして、使《つか》い分《わ》けされるようになりました。「敵《てき》ながらあっぱれ！」などと、少《すこ》しおどけた感《かん》じで使《つか》うことが多《おお》いようですね。

みんな見《み》てっ
こくご 100
さくらももこ
じゃーんっ
おおっあっぱれじゃまる子《こ》
やればできるじゃない
たしかに国語《こくご》はあっぱれね
でも…
え？
算数《さんすう》はさっぱりね
わ
ダメなテスト隠《かく》し場所《ばしょ》を見《み》つけるお母《かあ》さんもあっぱれ！

いちかばちか

一か八か

意味《いみ》

うまくいくかどうかわからないが、運《うん》を天《てん》にまかせて、思《おも》い切《き》って。

語源《ごげん》

むかし、サイコロでカケごとをした時《とき》、「偶数《ぐうすう》の目《め》が出《で》るか奇数《きすう》の目《め》が出《で》るかわからないけれども、思《おも》い切《き》ってどっちかにカケる」ということからできた言葉《ことば》です。偶数《ぐうすう》は、「丁《ちょう》」、奇数《きすう》は、「半《はん》」と言《い》います。

そこで「丁《ちょう》」の漢字《かんじ》の第一画《だいいっかく》めの「一《いち》」、「半《はん》」の漢字《かんじ》の第一《だいいち》、第二《だいに》画《かく》め（むかしの字形《じけい》は「半」）の、「八《はち》」をとって、「丁《ちょう》か半《はん》か」と言《い》うのを仲間内《なかまうち》ではシャレて「一《いち》か八《ばち》か」と言《い》うようになりました。

現代《げんだい》ではカケごととは関係《かんけい》なく、「迷《まよ》っていてもしかたがないから、一《いち》か八《ばち》か、やってみよう」などと使《つか》います。

二か九か…

奥《おく》に何《なに》かはさまっているね
なくしたボールかもしれないよ
取《と》っておくれよ
いやだよ ボールじゃなかったらこわいじゃないか
平気《へいき》さ！ 一《いち》か八《ばち》かやってごらんよ
そうかい？ じゃあ…
つん
ブ〜ン
わ
ハチの巣《す》だった——

おいてきぼり

置いてきぼり

意味《いみ》 **人《ひと》をそこに残《のこ》したまま行《い》ってしまう。**

語源《ごげん》 江戸時代《えどじだい》に不思議《ふしぎ》な池《いけ》がありました。夕方《ゆうがた》になり、釣《つ》った魚《さかな》を持《も》って帰《かえ》ろうとすると、「置《お》いてけえ、置《お》いてけえ」という気味悪《きみわる》い声《こえ》がするのです。釣り人《びと》はこわくなって魚《さかな》を放《ほう》り出《だ》して逃《に》げ帰《かえ》ったそうです。そんなことが何度《なんど》もあり、その池《いけ》は「置《お》いてけ堀《ぼり》」と呼《よ》ばれるようになりました。

ここから転《てん》じて、魚《さかな》を置《お》いていったように、人《ひと》をそこに残《のこ》したまま行《い》ってしまうことを「おいてきぼりにする」と言《い》うようになりました。また逆《ぎゃく》に、置《お》き去《ざ》りにされることは、「おいてきぼりを食《く》う」と言《い》います。

いっぱい釣《つ》れたね
うん
ここが「置《お》いてけ堀《ぼり》」じゃなくてよかったね
あはは
本当《ほんとう》だね
置いてけ〜
置いてけ〜
キャ
魚置いてけ〜
食わせろ〜
大丈夫《だいじょうぶ》小杉《こすぎ》くんだよ…

待《ま》っておくれ

おおばんぶるまい

大盤振る舞い

意味《いみ》 **盛《さか》んなもてなし。**

語源《ごげん》 「お椀《わん》に盛《も》ったごはん」を「椀《わん》飯《はん》」と言《い》います。これが「わうはん」となり、語形《ごけい》を変《か》えて、今《いま》の「おおばん」になりました。

もともとは、正月《しょうがつ》に親戚《しんせき》や近所《きんじょ》の人《ひと》や農作《のうさく》を手伝《てつだ》ってくれた人《ひと》を招《まね》いてごちそうをふるまうことです。つまり「お椀《わん》に盛《も》ったごはん」をふるまうことが「おおばんぶるまい」なのです。

「大盤《おおばん》」と書《か》くのは当《あ》て字《じ》です。

小判《こばん》ぶるまい

使《つか》い方《かた》も

「お金《かね》がないのに、こんなに大盤《おおばん》ぶるまいしちゃっていいのかなぁ」などと、今《いま》では少《すこ》し驚《おどろ》きや批判《ひはん》の気持《きも》ちを込《こ》めて使《つか》われることが多《おお》いようです。

きのうはとんかつだったんだよ
いいなー
ひとり二《ふた》つも食《た》べたよ
大盤《おおばん》ぶるまいだねぇ！
コロモもい〜っぱいついててねぇ
さく
さく
ほっぺがおちそうだったよ
……
お肉《にく》が薄《うす》いだけじゃ…
とは口《くち》に出《だ》せないたまえであった——

おもうつぼ

思う壺

意味《いみ》 **たくらんだとおりになること。**

語源《ごげん》 むかし、壺《つぼ》に入《い》れたサイコロをふってカケごとをすることがありました。その壺《つぼ》にはインチキをするための工夫《くふう》がしてあって、壺《つぼ》をふる人《ひと》が出《だ》したいサイコロの目《め》は自由《じゆう》に出《だ》せるのです。この思《おも》いどおりの目《め》を出《だ》せる壺《つぼ》が「思《おも》う壺《つぼ》」なのです。

インチキなカケに使《つか》う、思《おも》いどおりの目《め》が出《だ》せる壺《つぼ》（思《おも》う壺《つぼ》）なので「良《よ》くないたくらみをして、そうなればいいと思《おも》っていたとおりになること」を、「思《おも》う壺《つぼ》」と言《い》うようになりました。

「思《おも》う壺《つぼ》にはまったぞ、イヒヒヒ」とか、「ざまぁみろ、こちらの思《おも》う壺《つぼ》だ」など、おとしいれる時《とき》に使《つか》うのも、きっとインチキなカケごとから来《き》た言葉《ことば》だからなのでしょう。

さくら
給食《きゅうしょく》残《のこ》しちゃいけないいんだぞっ
コレきらいなんだもん…
先生に言うぞ
あ〜あ だれか食《た》べてくれたら言《い》うこと聞《き》いてあげるのにな〜
ぴく
私《わたし》が食《た》べましょう
そのかわり一票《ぴょう》くださいね
やったね
丸尾《まるお》くん まる子《こ》の思《おも》う壺《つぼ》

読《よ》んで語覧《ごらん》

お灸《きゅう》で「つぼ」と言《い》えばお灸《きゅう》の効《き》く所《ところ》です。「話《はなし》のつぼを心得《こころえ》ている」なんて言《い》い方《かた》もあります。つまり「つぼ」って大事《だいじ》な所《ところ》、急《きゅう》所なんですね。

きりふだ

切り札

意味《いみ》 **ここぞという時《とき》に使《つか》う、最高《さいこう》に有力《ゆうりょく》な人《ひと》やもの、方法《ほうほう》など。**

語源《ごげん》 あるトランプゲームでは、特別《とくべつ》な札《ふだ》がほかのどの札《ふだ》よりも強《つよ》いという約束《やくそく》があります。このような強《つよ》い札《ふだ》を「切《き》り札《ふだ》」と言《い》います。この「切《き》り札《ふだ》」を、勝負《しょうぶ》どころでうまく使《つか》うと勝《か》つのです。

そこから、トランプゲーム以外《いがい》でも、「ここでウチのチームの切《き》り札《ふだ》を出《だ》して逆転《ぎゃくてん》しよう」とか、「問題《もんだい》解決《かいけつ》のために、最後《さいご》の切《き》り札《ふだ》を使《つか》おう」のように、ここぞという時《とき》に使《つか》う、人《ひと》や方法《ほうほう》のことを「切《き》り札《ふだ》」と呼《よ》ぶようになりました。

う

友蔵《ともぞう》五連敗《れんぱい》

しつこいセールスが来《き》たわ
さくらさんよォ〜
じいさんたのむよ
わし？
何《なに》を売《う》っとるんじゃ？
ゴムひもだ買《か》ってくれ！
若《わか》いのは威勢《いせい》がいいのう
で何《なに》を売《う》っとるんじゃっ
ゴムひもだって言《い》ってんだろ
ほほうところで売《う》り物《もの》は何《なん》じゃ？
ダメだこりゃ…
さくら家《け》の押《お》し売《う》り撃退《げきたい》の切《き》り札《ふだ》・友蔵《ともぞう》

くせもの

曲者

意味《いみ》 **怪《あや》しい人《ひと》。油断《ゆだん》できない人《ひと》。**

語源《ごげん》 「なくて七癖《ななくせ》」（クセがないと思《おも》われる人《ひと》にも、七《なな》つぐらいの癖《くせ》はあるという意味《いみ》）と言《い》われるように、だれにでも癖《くせ》はあります。癖《くせ》というのは一種《いっしゅ》の習慣《しゅうかん》ですから、もともといい癖《くせ》も悪《わる》い癖《くせ》もあります。

むかしは、良《よ》くても悪《わる》くても、人《ひと》と変《か》わった個性的《こせいてき》な癖《くせ》の持《も》ち主《ぬし》を、「くせもの」と言《い》っていました。ところがだんだん悪《わる》い癖《くせ》の持《も》ち主《ぬし》だけを、「くせもの」と呼《よ》ぶようになりました。そして「怪《あや》しい人《ひと》」や、さらに「油断《ゆだん》できない人《ひと》」の意味《いみ》になりました。

他人《たにん》に親切《しんせつ》にする習慣《しゅうかん》は良《よ》いことですが、度《ど》がすぎた見《み》え見《み》えの親切《しんせつ》をすると「あの人《ひと》はくせものだ」と言《い》われますので、注意《ちゅうい》。

ズバリが口癖《くちぐせ》の者《もの》

ズバリ

殿《との》さまがあぶないよ
ドキ
ドキ
ドキ
うむ…くせものがおるな…
すっ
わっ
だれかいたのう
くせものだよ…どこ行《い》った？
あっちのようじゃが…
ぐぐっ
わーッ
なっ…何《なん》ですかっ
くせものはあんたらのほうだろう

けりをつける

けりを付ける

意味《いみ》 しめくくる。いろいろあったことの始末《しまつ》をつける。

語源《ごげん》 「けりをつける」の「けり」は、むかしの言葉《ことば》です。「五七調《ごしちちょう》」の文《ぶん》章《しょう》（五文字《もじ》・七文字《もじ》・五文字《もじ》・七文字《もじ》・五文字《もじ》…とつづく文《ぶん》）の最後《さいご》にはこの「けり」をつけて終《お》わることが多《おお》かったところからできた表現《ひょうげん》です。「けり」をつけて「終《お》わりにする」のです。

どちらがいいか、話《はな》し合《あ》いではなかなか決《き》まらない時《とき》、どうしますか。「じゃんけんで、けりをつける」ということが多《おお》いのではないですか。

「けりがついて」終《お》わったはずなのにまたもめて、なんていうことがありますが…。

ズルッ

私《わたし》が買《か》ったマンガなんだから
フロクも私《わたし》のよ
まる子《こ》も五十円《えん》はらったじゃん
たった五十円《えん》でずうずうしいのよ
今日《きょう》こそけりをつけてやるわっ
二人《ふたり》ともいい加減《かげん》にしなさい
ギャー
ギャー
まぁまぁわしがもう一冊《さつ》買《か》ってやろう
ギャー
甘《あま》やかさないでください
怒《ど》鳴《な》りあいけりつけようとし怒《ど》鳴《な》られけり
友蔵《ともぞう》 悲《かな》しみの俳句《はいく》

けんもほろろ

意味《いみ》

たのみごとや相談《そうだん》を全然《ぜんぜん》聞《き》いてくれないばかりでなく、冷《つめ》たく無愛想《ぶあいそう》にあつかうようす。

語源《ごげん》

いばっていてツンツンしてるようすをむかしの言葉《ことば》で「けんつく」とか「けんどん」とか言《い》い、そこから「けんけん」という言葉《ことば》も生《う》まれました。これをキジの鳴《な》き声《ごえ》「ケンケン」とダブらせ、さらにキジに関連《かんれん》のある「ほろろ」をくっつけて口調《くちょう》を良《よ》くしたのがこの言葉《ことば》の起《お》こりだと言《い》われています。「ほろろ」はキジの鳴《な》き声《ごえ》だという説《せつ》と、キジの羽《はね》の音《おと》だという説《せつ》があります。争《あらそ》って剣《けん》もボロボロ、っていうわけじゃないんですよ。「宿題《しゅくだい》見《み》せてよ」ってたのんだら、けんもほろろに断《ことわ》られた、というのは当然《とうぜん》ですね。

ほろろ

キレイな鳥《とり》コーナー
動物園《どうぶつえん》に来《き》ています
わー
花輪《はなわ》クンちにはキレイなオウムがいるんだよ
まる子《こ》も飼《か》いたいなー
あらキジよ
キジもキレイだねぇ
きじ
お母《かあ》さん!! キジ飼《か》いたいっ
ダメッ
けんもほろろに断《ことわ》られるのは当然《とうぜん》である
ケーン

こんりんざい 金輪際

意味《いみ》 **絶対《ぜったい》に（～しない）。何《なに》が何《なん》でも（～しない）。**

語源《ごげん》 仏教《ぶっきょう》の考《かんが》え方《かた》では、人間《にんげん》の住《す》む大《だい》地《ち》の下《した》には「金輪《こんりん》」というたいへんに深《ふか》い層《そう》があり、さらに下《した》には「水輪《すいりん》」「風輪《ふうりん》」と層《そう》が続《つづ》くと言《い》います。

「金輪際《こんりんざい》」とは、「金輪《こんりん》」と「水輪《すいりん》」の際《きわ》（さかいめ）のことで、地《ち》の底《そこ》の限《かぎ》りなく深《ふか》いところの世界《せかい》。「地《ち》の底《そこ》のさらにもっと底《そこ》」と、深《ふか》さを強調《きょうちょう》する表現《ひょうげん》であることから「何《なに》が何《なん》でも」のような強調《きょうちょう》の意味《いみ》で使《つか》われるようになり、次第《しだい》に「絶対《ぜったい》～しない」という打《う》ち消《け》しの意味《いみ》だけにのみ使《つか》われるようになりました。

こんりんざい会《あ》わないわ
同《おな》じクラスよ…？

「君《きみ》とはもう金輪際《こんりんざい》、口《くち》をきかない」なんてケンカをしても翌日《よくじつ》には仲《なか》なおりするのが友《とも》だちってもんですね。

募金《ぼきん》のお金《かね》忘《わす》れた～っ
花輪《はなわ》クン十円《えん》貸《か》して～
オーケー
ありがとうこの恩《おん》は忘《わす》れないよ！
アハッ
ベイビーいいさこれくらい
さくらさんっ
こ…この声《こえ》は…
花輪《はなわ》クンと仲《なか》よくしたわねっ!!こんりんざい口《くち》きかないわ
こんりんざい十円《えん》貸《か》すのはやめよう
みぎわさんっ
ヒィッ

すっぱぬく

素っ破抜く

意味《いみ》 **人《ひと》の秘密《ひみつ》などをみんなに突然《とつぜん》発表《はっぴょう》してしまう。あばく。**

語源《ごげん》 「すっぱ」は、戦国時代《せんごくじだい》や江戸時代《えどじだい》の忍者《にんじゃ》のこと。忍者《にんじゃ》はいきなり刃物《はもの》を抜《ぬ》くことがあるところから、「すっぱが刃物《はもの》を抜《ぬ》く」と言《い》い、そこから「すっぱぬく」ができたと言《い》われています。

テレビではよくスキャンダルをすっぱぬきますが、学校《がっこう》でふざけ半分《はんぶん》に、友《とも》だちの好《す》きな子《こ》の名前《なまえ》をすっぱぬいたりすると、確実《かくじつ》に人間関係《にんげんかんけい》にひびが入《はい》ります。

ん?
酸《す》っぱぬき梅干《うめぼ》し

まる子《こ》とはまじの「恋愛《れんあい》」がすっぱぬかれた
まる子と はまじ スクープ ねつあい!!
ワー
ワー
どうしてはまじと…
花輪《はなわ》クンのほうがマシだよ
俺《おれ》だって穂波《ほなみ》のほうがマシだ!
それがまたすっぱぬかれた
まる子とはまじ りこん!? 「あたいのダーリンは花輪クン」
キー
ワー
ワー
すっぱぬきはまだまだつづく——
まる子VSみぎわ 泥ぬまの戦い!!
……
ワー

ずぼし
図星

意味《いみ》 見込《みこ》んだところ。かんじんなところ。当《あ》たり。

語源《ごげん》 弓矢《ゆみや》を練習《れんしゅう》する人《ひと》は、的《まと》にむかって弓《ゆみ》を射《い》て、矢《や》を放《はな》ちます。その的《まと》の真《ま》ん中《なか》には小《ちい》さな黒《くろ》い丸《まる》がかかれています。この黒丸《くろまる》を「図星《ずぼし》」と言《い》います。弓《ゆみ》を引《ひ》き、図星《ずぼし》をねらった矢《や》が、そこに当《あ》たれば「当《あ》たり〜」となるのです。ここから、思《おも》っていることなどをぴったり当《あ》てた時《とき》に「どうだ、図星《ずぼし》だろう」などと言《い》うようになりました。図星《ずぼし》を指《さ》された時《とき》、つまり自分《じぶん》の考《かんが》えていることを人《ひと》からズバリ言《い》い当《あ》てられた時《とき》、ドキッとしますね。心《こころ》の真《ま》ん中《なか》に矢《や》が当《あ》たったからです。

お母《かあ》さん お手伝《てつだ》い するよ
あら そう？
じゃあ ごはんを 運《はこ》んで くれる？
机《つくえ》も かたづけて おくね
さっ
みんなを 呼《よ》んでくるよ
たッ
今日《きょう》はよく 働《はたら》くわね〜
花《か》びんでも 割《わ》ったのかしら？
ギクッ
図星《ずぼし》 である

たかをくくる

高をくくる

……

意味《いみ》 **どうせたいしたことはないと相手《あいて》を軽《かる》く見《み》る。見《み》くびる。**

語源《ごげん》 「たかをくくる」の「たか」は、「現在高《げんざいだか》」「売上高《うりあげだか》」「残高《ざんだか》」「出来高《できだか》」などの「高《たか》」と同じで、金額《きんがく》や物《もの》の数量《すうりょう》の総計《そうけい》のことです。「くくる」は「まとめる、一《ひと》つの束《たば》にする、ヒモなどでしばる」の意味《いみ》。だから、「高《たか》」を「くくる」というのは、本来《ほんらい》は、全部《ぜんぶ》まとめると大体《だいたい》このくらいだろうと見積《みつ》もることです。正《ただ》しく見積《みつ》もれば問題《もんだい》ないのですが、この言葉《ことば》には油断《ゆだん》して適当《てきとう》に見積《みつ》もる意味《いみ》がふくまれています。大体《だいたい》これくらいだろうといいかげんに見《み》ることです。「今度《こんど》のテストはやさしいだろうとたかをくくっていたら、全然《ぜんぜん》できなかった」なんていうことにならないように。

ワー
ワー
藤木《ふじき》くんは運動《うんどう》が苦手《にがて》だからムリだと思《おも》うよ
あれくらいできるさ
たかをくくって平気《へいき》かい?
ああ！見《み》ていておくれ
うわあ
ドボン
一歩《ぽ》めから踏《ふ》み外《はず》す藤木《ふじき》って…

たまげる

魂消る

意味《いみ》

びっくりする。

語源《ごげん》

「こんなに値段《ねだん》が高《たか》いとは、たまげたね」などと使《つか》います。「魂《たましい》が消《き》えるほどびっくりする」が、もとの意味《いみ》です。

「たまげる」の「たま」は「魂《たましい》」のむかしの言《い》い方《かた》。「ひとだま」「きもったま」に残《のこ》ってますね。「げる」は「消《き》える」が変化《へんか》した言葉《ことば》「ける」で、それがさらに「げる」になったものです。

「コリャ、ビックリ、たまげた話《はなし》だね」などと、今《いま》では魂《たましい》が消《き》えるほど驚《おどろ》くというより、少《すこ》し、おどけたり、冗談《じょうだん》めかして言《い》う使《つか》い方《かた》が多《おお》いようですね。

わ
ケロ

たまげる たまちゃん

いい物《もの》もらっちゃった
ヒヒヒ
おじいちゃん見《み》て見《み》て
何《なん》じゃ?
ぼんっ
ひいっ
おっ…おじいちゃん!?
へろへろ…
友蔵《ともぞう》のたまげ方《かた》にまる子《こ》もたまげてしまった…

荒尾先生《あらおせんせい》の会話《かいわ》がいきいきしてくる言葉《ことば》

明治時代《めいじじだい》には「ハーモニカ」を「西洋横笛《せいようよこぶえ》」、「マカロニ」を「管状干《かんじょうほ》しうどん」と言《い》っていたそうです。「西洋横笛《せいようよこぶえ》」なんて、なんかしゃれた感《かん》じで、イメージのふくらみもあっておもしろいですね。

どうしてそう感《かん》じるのでしょうか。

たぶん、ズバリそのものを直接言《ちょくせつい》う言《い》い方《かた》と、たとえを使《つか》った間接的《かんせつてき》な言《い》い方《かた》との違《ちが》いによるのでしょう。

たとえを使《つか》った表現《ひょうげん》は、ふつうは「〜のようだ」「〜ように」といった言《い》い方《かた》をします。「君《きみ》はきれいだ」と言《い》うより「君《きみ》はバラのようだ」と言《い》ったほうが、しゃれていて素敵《すてき》でしょ。さっきの例《れい》は、「横笛《よこぶえ》のような西洋《せいよう》の笛《ふえ》」「管《くだ》になった干《ほ》しうどんのような

食《た》べ物《もの》」ということです。

踊《おど》りの練習《れんしゅう》の時《とき》、先生《せんせい》の打《う》つ手拍子《てびょうし》に合《あ》わせて、みんなが足《あし》で床《ゆか》を「トントン」と踏《ふ》んでリズミカルに調子《ちょうし》よく踊《おど》っているとします。「トントンと、拍子《ひょうし》に合《あ》わせて調子《ちょうし》よく踊《おど》る」というわけです。この言《い》い方《かた》をほかの場面《ばめん》に応用《おうよう》すると、たとえば「インターネットを使《つか》うと、トントンと拍子《ひょうし》に合《あ》わせて踊《おど》るように、調《しら》べ学習《がくしゅう》が調子《ちょうし》よく進《すす》む」とか「駅前《えきまえ》の整備《せいび》計画《けいかく》が、トントンと拍子《ひょうし》に合《あ》わせて踊《おど》るように、どんどん進《すす》んでいます」とか。

　こんなふうにいろいろな場面《ばめん》で使《つか》えるので、「合《あ》わせて踊《おど》るように」はもうじゃまなので省略《しょうりゃく》してしまって、「トントン拍子《びょうし》」と言《い》うようになりました。「計《けい》画《かく》は調子《ちょうし》よく進《すす》んだ」という直接的《ちょくせつてき》な言《い》い方《かた》に比《くら》べて、「計画《けいかく》はトントン拍子《びょうし》に進《すす》んだ」という表現《ひょうげん》には、ふくらみとおもしろさがありますね。

　このように、たとえを使《つか》った言《い》い方《かた》は、使《つか》い方《かた》がぴったりのときはとくに、「そうそう、そうなんだよ」

と思《おも》わず相槌《あいづち》を打《う》ってしまいたくなるほど、いきいきとした、うまい表現《ひょうげん》になります。

ところで、「遠足《えんそく》のバスの中《なか》で、さわいで先生《せんせい》にしかられた」というより、「遠足《えんそく》のバスの中《なか》で、はめをはずして先生《せんせい》にしかられた」のほうがいきいきした表現《ひょうげん》です。

「はめをはずす」は、お調子《ちょうし》に乗《の》って度《ど》を過《す》ごしたさわぎをすることをいいます。

どのようなことから「はめをはずす」と言《い》うようになったのでしょうか。「はめ」を「はずす」というのは何《なに》をはずすことなのでしょうか。

国語辞典《こくごじてん》で「はめ」を引《ひ》いてみると「羽目《はめ》」があり、板《いた》を並《なら》べて張《は》りつけた壁《かべ》のことだとわかります。しかし実《じつ》は「はめをはずす」の語源《ごげん》は、「羽目板《はめいた》をはがす」ようないたずらをする、ということではありません。

「はみ」という、馬《うま》が暴《あば》れないようにするために

口《くち》につける道具《どうぐ》があります。「はめ」は、この「はみ」の変化《へんか》したものだと言《い》われています。馬《うま》は「はみ」をはずしてやると自由《じゆう》にかけ回《まわ》り、なかなか言《い》うことを聞《き》きません。さっきの文《ぶん》は「遠足《えんそく》のバスの中《なか》で、はみをはずした馬《うま》のようにさわいだので先生《せんせい》にしかられた」というわけです。

「はみをはずす」が変化《へんか》して「はめをはずす」となったのは、「羽目《はめ》」という、音《おん》が似《に》た言葉《ことば》があったためだと思《おも》われます。馬《うま》といっしょに生活《せいかつ》する人《ひと》が減《へ》ってくる中《なか》、「はみ」と「羽目《はめ》」は誤《あやま》って置《お》き換《か》えられたのでしょう。

てんてこまい
天手古舞

意味《いみ》 **とてもいそがしくてあわてるようす。**

語源《ごげん》 江戸《えど》時代《じだい》に「てこ舞《まい》」という踊《おど》りがありました。その「てこ舞《まい》」という踊《おど》りの舞《ま》いは、拍子《ひょうし》をとり、気分《きぶん》をはなやかに盛《も》り上《あ》げる小太鼓《こだいこ》の、「テンテコ、テンテコ」というお囃子《はやし》の音《おと》に合《あ》わせて舞《ま》うのです。落《お》ちつきなく体《からだ》を動《うご》かして舞《ま》うので、その踊《おど》りの舞《ま》いは「てんてこ舞《ま》い」と呼《よ》ばれるようになりました。

そこから、目《め》が回《まわ》るほどいそがしく動《うご》き回《まわ》ったり働《はたら》いたりしているようすを「てんてこ舞《ま》い」と言《い》うようになりました。

お母《かあ》さんの毎日《まいにち》

「あれもこれもやらなきゃならないんで、もうてんてこ舞《ま》いだよ」「今日《きょう》はお客《きゃく》さんが多《おお》くて、てんてこ舞《ま》いだ」などと使《つか》います。

宿題《しゅくだい》忘《わす》れてた〜
ノートもなくした〜
ばたばた
しかたないわね…ノートあげるわよ
たまちゃんに答《こた》え聞《き》こう〜
どた
お母《かあ》さんグラフだけ書《か》いて〜
てんてこ舞《ま》いのまる子《こ》だが
まったく!
ふー終《お》わったァ
実《じつ》はまる子《こ》自身《じしん》は何《なに》もやっていない…
さくらももこ

どうどうめぐり

堂堂巡り

出口はどこだ
ウロウロ

意味《いみ》 **話《はな》し合《あ》いなどで、同《おな》じことをくり返《かえ》すだけで、先《さき》にすすまないようす。**

語源《ごげん》 お寺《てら》で修行《しゅぎょう》しているお坊《ぼう》さんや願《ねが》いごとをする信者《しんじゃ》は、お堂《どう》や本尊《ほんぞん》のまわりをぐるぐると何度《なんど》も回《まわ》りながらお経《きょう》を唱《とな》えます。このことから転《てん》じて、話《はな》し合《あ》いや考《かんが》えが、A《エー》からB《ビー》、B《ビー》からC《シー》、そしてまたA《エー》にもどってしまうというように、同《おな》じことをぐるぐるくり返《かえ》すだけで、全然先《ぜんぜんさき》にすすまないようすを「堂堂《どうどう》めぐり」と言《い》うようになりました。

「堂堂《どうどう》めぐり」をお寺《てら》や有名《ゆうめい》な所《ところ》を堂々《どうどう》と見《み》て回《まわ》る、と思《おも》っていた人《ひと》はまちがいです。「おたがいに主張《しゅちょう》をゆずらないから、堂堂《どうどう》めぐりになって、いつまでも決《き》まらないんです」とか、「考《かんが》えが堂堂《どうどう》めぐりしてしまうと時間《じかん》がムダです」というふうに使《つか》います。

老人会《ろうじんかい》で公民館《こうみんかん》を使《つか》う手続《てつづ》きをしている友蔵《ともぞう》たち
四時《じ》から三時間《じかん》使《つか》います
すみません 公民館《こうみんかん》は六時《じ》までなんです
じゃあ六時《じ》までにするかのう
受付
四時《じ》から六時《じ》まで三時間使《じかんつか》います
それですと二時間《じかん》ですが…
ならば四時《じ》から七時《じ》まで貸《か》りたらどうじゃっ
そうじゃな
そうじゃ
堂堂《どうどう》めぐりはつづく…

とことん

意味《いみ》 最後《さいご》の最後《さいご》（まで）。

語源《ごげん》 「とことん話《はな》し合《あ》いましょう」とか「とことんまでがんばってみて、だめならしょうがない」などと使《つか》います。

「とことん」の起源《きげん》は、江戸時代《えどじだい》の踊《おど》りの足拍子《あしびょうし》、あるいは民謡《みんよう》の囃子詞《はやしことば》の「トコトン」からだ、とか言《い》われます。また、明治維新《めいじいしん》の時《とき》の官軍《かんぐん》の歌《うた》「とんやれ節《ぶし》」の大流行《だいりゅうこう》によって、その歌詞《かし》の一節《いっせつ》が広《ひろ》まったとも言《い》われます。

いずれも長《なが》く踊《おど》りつづけ、歌《うた》いつづけるところが、この語《ご》の起源《きげん》となったのでしょうか。

スパルタ教育《きょういく》

とことん いくわよ！
ひぇ〜！

風邪《かぜ》が流行《りゅうこう》し 欠席者《けっせきしゃ》が続出《ぞくしゅつ》した
給食半分《きゅうしょくはんぶん》くらい 残《のこ》っちゃうね
もったい ないねぇ
大丈夫《だいじょうぶ》だ
いつもは 遠慮《えんりょ》してたけど
今日《きょう》は とことん 食《く》ってやるよ
ガツ ガツ ガツ
いつも 遠慮《えんりょ》して たのか…
あれで…

クラスのお楽《たの》しみ会《かい》の計画中《けいかくちゅう》
かぐや姫《ひめ》の劇《げき》をやりましょうよ
私《わたし》が姫《ひめ》をやるわ
かぐや姫《ひめ》の衣装《いしょう》はたいへんだよ
お母《かあ》さんに着《き》つけてもらうわ
竹《たけ》から出《で》てくるシーンがむずかしいよ
演出《えんしゅつ》で何《なん》とかなるわよ
月《つき》にのぼるシーンもできないぞ
とどのつまり何《なに》が言《い》いたいのよ
みぎわさんにかぐや姫《ひめ》は似合《にあ》わない

とどのつまり

とどの詰まり

意味《いみ》 **いろいろしてみたが、結局《けっきょく》は。**

語源《ごげん》 トドって、図体《ずうたい》の大《おお》きなアシカみたいな動物《どうぶつ》のことではありません。出世魚《しゅっせうお》と言《い》って、成長《せいちょう》するにつれて呼《よ》び名《な》が変《か》わる魚《さかな》がいるのです。ブリもそうですが、トドはその出世魚《しゅっせうお》の代表《だいひょう》です。

トドの幼魚《ようぎょ》「ボラ」は大《おお》きくなるにつれて三、四回《かい》呼《よ》び名《な》が変《か》わり、最後《さいご》に「トド」と呼《よ》ばれます。「いろいろあったけど、最後《さいご》の名前《なまえ》は「トド」」と言《い》うことから、「最後《さいご》（詰《つ》まり）はトド」で「とどのつまり」という言《い》い方《かた》ができました。

ただし、期待《きたい》はずれの結末《けつまつ》の時《とき》に多《おお》く使《つか》います。「とどのつまり役《やく》に立《た》たないね」などと否定語《ひていご》がうしろにつくことも多《おお》いですね。

ボクじゃなくてお魚《さかな》のトドです

とばっちり

意味《いみ》 **たまたまそばにいたために被害《ひがい》を受《う》けること。まきぞえ。**

語源《ごげん》 岩《いわ》の割《わ》れ目《め》などから、水《みず》が走《はし》るようにわき出《で》て、飛《と》び出《で》るようすを「とばしり」と言《い》います。この「と」は、「戸《と》」です。この「とばしり」を水《みず》の飛《と》び散《ち》るようすから「とば散《ち》り」と言《い》い誤《あやま》り、さらに強調《きょうちょう》して「とばっ散《ち》り」になりました。飛《と》び散《ち》った水《みず》のせいで衣服《いふく》がぬれてしまうようすから、「まきぞえを食《く》う」という意味《いみ》に転《てん》じたようです。

とんぼがえり

蜻蛉返り

意味《いみ》 **①宙返《ちゅうがえ》り。②目的地《もくてきち》に着《つ》いたら、すぐにまたもとの地点《ちてん》に帰《かえ》ること。**

語源《ごげん》 とんぼの飛《と》ぶようすをよく観察《かんさつ》した人《ひと》はわかりますね。とんぼは飛《と》んでいる向《む》きを、突然《とつぜん》、変《か》えます。そこで、そのように体《からだ》をグルッと宙返《ちゅうがえ》りする芸《げい》を「とんぼ返《がえ》り」と言《い》います。

さらに、どこかまで来《き》て、用事《ようじ》をすませたら休《やす》む間《ま》もなく、また出発《しゅっぱつ》地《ち》にもどることも「とんぼ返《がえ》り」と言《い》います。

宿題《しゅくだい》がいっぱいある時《とき》、バスに乗《の》って親戚《しんせき》の家《いえ》までおつかいに行《い》っても「とんぼ返《がえ》り」しなければいけないことは、ちょっとがっかりですよね。

くるりん

今日《きょう》の体育《たいいく》は縄飛《なわと》び
縄飛《なわと》び教室《きょうしつ》に忘《わす》れたじょっ
あはは
今《いま》出《で》てきたとこなのにとんぼ返《がえ》りだね
持《も》ってきたじょー
山田《やまだ》…うわばきのままだよ…
はきかえるの忘《わす》れたじょっ
授業開始《じゅぎょうかいし》からとんぼ返《がえ》りしかしていない山田《やまだ》！

はったり

意味《いみ》 **相手《あいて》を驚《おどろ》かせたり、弱気《よわき》にさせるために、実力以上《じつりょくいじょう》に大《おお》げさにものを言《い》ったり行動《こうどう》したりすること。**

語源《ごげん》 むかし、カケごとで、勝《か》つと思《おも》うほうに金品《きんぴん》をかけることを「張《は》る」と言《い》いました。カケごとにはインチキが多《おお》く、お客《きゃく》さんは損《そん》をするのですが、カケの主催者《しゅさいしゃ》は言葉《ことば》じょうずにお客《きゃく》が勝《か》てると思《おも》わせ、「さあ、みなさん、張《は》ったり、張《は》ったり」と気持《きも》ちをあおります。この言葉《ことば》が「はったり」の起源《きげん》のようです。「はったりを言《い》う」「はったりをきかす」のように使《つか》います。

百メートル泳《およ》げるぜ

うう〜
どうした
重《おも》くて運《はこ》べないんだよ
ひよわだなァ 俺《おれ》が持《も》ってやらァ
俺《おれ》は清水一《しみずいち》の力持《ちからも》ちと言《い》われた男《おとこ》だからな
こんな荷物《にもつ》の一《ひと》つや二《ふた》つ…
ギク
うっ
やはりはったりであったか……

ひっぱりだこ

引っ張り蛸

意味《いみ》 **人気《にんき》があって、あちこちから求《もと》められること。**

語源《ごげん》 海《うみ》にいる「タコ」の干物《ひもの》って見《み》たことがありますか。八本《ぼん》の足《あし》が四方《しほう》八方《はっぽう》にぐっと引《ひ》っ張《ば》られていて、ちょっとこっけいな姿《すがた》です。むかしの人《ひと》は「はりつけ」の刑《けい》になった罪人《ざいにん》を「ひっぱりだこ」と言《い》いました。手足《てあし》をしばられ柱《はしら》や板《いた》にはりつけられているかっこうが、干物《ひもの》のタコの形《かたち》に似《に》ていたからです。さらに、人《にん》気《き》がある品物《しなもの》などをみんながほしがって、あちこちから争《あらそ》って引《ひ》っ張《ば》りあうようすも、またタコの干物《ひもの》に似《に》ているので「ひっぱりだこ」と言《い》うようになりました。人《ひと》についても「ひっぱりだこ」と言《い》います。人気者《にんきもの》のまる子《こ》ちゃんはいつでもどこでも、ひっぱりだこですネ。

キャー
キャー

大野《おおの》 ドッジボール うちのチームに 入《はい》って くれよ
じゃ杉山《すぎやま》は こっちな
僕《ぼく》たちとちがって 人気者《にんきもの》はいつでも ひっぱりだこだね
でも ひっぱりだこって こんなもの なんだよ
だから僕《ぼく》は ちっとも うらやましく ないよ
それは 卑屈《ひくつ》だよ 永沢《ながさわ》くん…

めんくらう

面食らう

意味《いみ》 **突然《とつぜん》のことで、驚《おどろ》きあわてること。**

語源《ごげん》 「トチ」というドングリのような実《み》のなる木《き》があります。人々《ひとびと》はむかしから、その実《み》をつぶして「おもち」にしたり、「めん」にして食《た》べていました。

このトチの実《み》をつぶした粉《こな》はすぐ固《かた》くなってしまうので、「めん」にする時《とき》は棒《ぼう》で急《いそ》いで延《の》ばして、細《ほそ》く切《き》らなければなりません。この「トチめん棒《ぼう》」をふるって、急《いそ》いで「トチめん」を作《つく》っているようすが、「アレ、どうしよう」などとあわてふためいているようすに似《に》ているので、あわてることを「トチめん棒《ぼう》をふるう」と言《い》うようになりました。これが「トチめん棒《ぼう》くらう」になって、「めんくらう」になったのです。

思《おも》ってもみなかった子《こ》に、突然《とつぜん》、誕生日《たんじょうび》プレゼントをわたされたら、ふつうの人《ひと》なら、絶対《ぜったい》にめんくらうでしょうね。

三ー四の人《ひと》ですよね？
そうだけど？
こ…これ…
えっ
突然《とつぜん》のラブレターにめんくらうはまじ
花輪《はなわ》クンにわたしてくださいっ
だーっ
めんくらい損《ぞん》であった

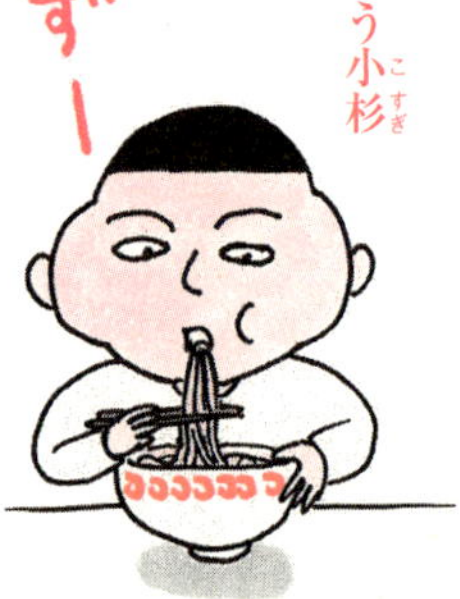
ずー
麺食《めんく》らう小杉《こすぎ》

第《だい》二章《しょう》

人《ひと》のようすや 人《にん》間《げん》関《かん》係《けい》を 表《あらわ》す言《こと》葉《ば》

根《ね》回《まわ》し

しっぺ返《がえ》し

天《あま》の邪《じゃ》鬼《く》

ほらをふく

えこひいき

沽《こ》券《けん》に関《かか》わる

ぶっきらぼう

ざっくばらん

しゃちほこばる

あまのじゃく

天の邪鬼

意味《いみ》 **人《ひと》とは違《ちが》ったことや反対《はんたい》のことをしたがる人《ひと》。**

語源《ごげん》 みんなが「おいしい」と言《い》うのに「まずい」と言《い》ったり、寒《さむ》い寒《さむ》いと言《い》っているのに一人《ひとり》「暑《あつ》い」とシャツを脱《ぬ》いじゃったりする子《こ》が「あまのじゃく」です。

古代神話《こだいしんわ》に「あまのさぐめ（天探女）」という悪《わる》い女神《めがみ》がいます。神《かみ》さまの使《つか》いの鳥《とり》を「不吉《ふきつ》だ」と言《い》って殺《ころ》させた、おしゃべりなおせっかい者《もの》です。この名前《なまえ》がやがて「あまのさぐ」から「あまのじゃく」へとなりました。

また、「うりこひめ」などの民話《みんわ》によく出《で》てくる悪者《わるもの》や、仁王《におう》さま（仏法《ぶっぽう》を守《まも》る神《かみ》さま）に踏《ふ》みつけられている悪《わる》い鬼《おに》も「あまのじゃく」と言《い》われています。

あれが天《あま》の邪鬼《じゃく》……

楽《たの》しそうだな入《い》れてもらおうかな
きっとつまらないよ
永沢《ながさわ》くんあまのじゃくじゃないかい…?
そんなことないさ あれはつまらないさ
そうかなじゃあ入《い》れてもらうのはやめよう
おーいメンバー一人《ひとり》足《た》りないんだ
僕《ぼく》が行《い》くよ
ガーン
永沢《ながさわ》くん……!!
藤木《ふじき》よ何度《なんど》ひっかかればすむのだ

えこひいき
依怙贔屓

意味《いみ》 **ある人《ひと》を特別《とくべつ》にかわいがったり、おうえんしたりすること。**

語源《ごげん》 「えこ」は中国《ちゅうごく》から来《き》た言葉《ことば》で、もともとは「頼《たよ》るもの」の意味《いみ》でしたが、室町時代《むろまちじだい》には「自分《じぶん》が頼《たよ》りにするもの」「自分《じぶん》の利益《りえき》になること」という意味《いみ》に変化《へんか》しました。「ひいき」もまた中国《ちゅうごく》から来《き》た言葉《ことば》で、「神《かみ》や力持《ちからも》ちが人《ひと》を助《たす》けるために力《ちから》を出《だ》すこと」を言《い》います。これも室《むろ》町時代《まちじだい》には「気《き》に入《い》っている人《ひと》をとくに助《たす》ける」という意味《いみ》になりました。意味《いみ》が似《に》ている、この二《ふた》つの言葉《ことば》は、江戸時代《えどじだい》ごろから一《ひと》つになって「えこひいき」の形《かたち》で使《つか》われるようになり、その意味《いみ》も今《いま》と同《おな》じになりました。

野口《のぐち》さんひいきのお笑《わら》い芸人《げいにん》！

ププ

ピアノをひく女《おんな》の子《こ》ってステキだよね
うん
合唱祭《がっしょうさい》のピアノは城ケ崎《じょうがさき》さんにお願《ねが》いします
はい
先生《せんせい》っ!! それはえこひいきです
私《わたし》だってピアノひきたいわ
そうですか
しかし…
ひけないくせに出《で》てくるなよ〜〜〜

こけんにかかわる

沽券に関わる

意味《いみ》 **人《ひと》としての値打《ねう》ちを下《さ》げる。名誉《めいよ》を傷《きず》つける。**

語源《ごげん》 「こけん（沽券）」は、むかしの言葉《ことば》で、土地《とち》や家屋《かおく》を売《う》ってわたす時《とき》に与《あた》える証拠《しょうこ》となる文書《ぶんしょ》です。その文書《ぶんしょ》には土地《とち》・家《いえ》の広《ひろ》さや値段《ねだん》が書《か》かれています。

「こけん」は土地《とち》などの価値《かち》を表《あらわ》すところから、人《ひと》の価値《かち》を表《あらわ》す言葉《ことば》になりました。人《ひと》としての価値《かち》（値打《ねう》ち）にさしさわりのあるようなことを、「こけんにかかわる」ことと言《い》うのです。

「そんな恥《は》ずかしいことをすると君《きみ》の沽券《こけん》にかかわるよ」などと言《い》ったりします。

学級委員《がっきゅういいん》の沽券《こけん》が〜〜
ぜいたく…
30
88

だいぶ枝《えだ》がのびたわね
どれ切《き》ってやろう
いえいえ
お父《とう》さんにたのみますから
ハラハラ
な〜にヒロシにできることができないとなっちゃ
わしの沽券《こけん》にかかわるわい
翌日《よくじつ》
き…筋肉痛《きんにくつう》が…
よよよ…
沽券《こけん》より体《からだ》を大事《だいじ》にして下《くだ》さいね

ざっくばらん

意味《いみ》 **遠慮《えんりょ》しないようす。あけすけ。**

語源《ごげん》 江戸時代《えどじだい》に、油《あぶら》で固《かた》めた髪《かみ》がばらばらに乱《みだ》れたようすを「ざっくばらり」と言《い》いました。「ざっく」は「ざっくり」と同《おな》じ仲間《なかま》の言葉《ことば》で、

「菜《な》っ葉《ぱ》をザクザクと切《き》る」などの「ざく」も同類《どうるい》です。

「ばらり」は「長《なが》い髪《かみ》がバラリと顔《かお》にかかる」「碁石《ごいし》をバラリとまく」など、物《もの》をまとめて投《な》げ出《だ》すようすの「ばらり」で、「ばらばら」も仲《なか》間《ま》の言葉《ことば》です。

髪《かみ》ではなく、心《こころ》を割《わ》って、こだわりをすてて自由《じゆう》になる、それを「ざっくばらん」と言《い》ったのでしょう。自分《じぶん》を閉《と》じ込《こ》めているカラをすてると自由《じゆう》で楽《らく》になります。ざっくばらんに何《なん》でも話《はな》し合《あ》える友《とも》だちはとても大切《たいせつ》ですね。

ざっくばらり
失礼《しつれい》ね

良《よ》いクラスにするために
話《はな》し合《あ》いましょう
ざっくばらんな意見《いけん》がほしいでしょう
う〜ん
学級委員《がっきゅういいん》が
いばりすぎ
……
ボソッ
ひ〜!!
野口《のぐち》さんよく言《い》った!!

荒尾先生《あらおせんせい》の 人《ひと》のようすや人間関係《にんげんかんけい》を表《あらわ》す言葉《ことば》

語源《ごげん》は、一《ひと》つ一《ひと》つの言葉《ことば》の起源《きげん》、一《ひと》つ一《ひと》つの言葉《ことば》の歴史《れきし》です。どの言葉《ことば》にも歴史《れきし》があります。

「あの子《こ》はおもしろいネ」という「おもしろい」にはどんな歴史《れきし》があるのでしょうか。

古代《こだい》での「おもしろい」は目《め》の前《まえ》が急《きゅう》に開《ひら》けて気《き》持《も》ちの良《よ》いようすを言《い》います。おもに景色《けしき》に対《たい》して使《つか》っています。これがやがて、景色《けしき》だけではなく心《こころ》が明《あか》るくなるような楽《たの》しいこと、笑《わら》ってしまうようなゆかいなことに対《たい》して広《ひろ》く使《つか》われるようになり、現《げん》代《だい》の「おもしろい」になったと考《かんが》えられます。これがこの言葉《ことば》の歴史《れきし》です。

このことから「おもしろい」のもともとの語源《ごげん》は、「おも」＋「白《しろ》い」で、「顔《かお》が白《しろ》い」ことかと思《おも》われ

ます（「おも」は今《いま》の言葉《ことば》の「面長《おもなが》」「面持《おもも》ち」などの中《なか》に残《のこ》っています）。

林《はやし》の中《なか》や日《ひ》の光《ひかり》の入《はい》らない家《いえ》の中《なか》から急《きゅう》に光《ひかり》が当《あ》たっているところに出《で》ると、顔《かお》が白《しろ》く見《み》える、そのようすが「おもしろい」です。そんな時《とき》は目《め》の前《まえ》には気持《きも》ちの良《よ》い景色《けしき》が広《ひろ》がっていたのではないでしょうか。

このように見《み》てくると、言葉《ことば》の起《お》こりと歴史《れきし》とはつながっています。

お母《かあ》さんが、「みっともないことはしないのよ」なんて言《い》いますが、この「みっともない」というのはどういう語源《ごげん》を持《も》つのでしょう。

この言葉《ことば》の起《お》こりは「見《み》たくもない」です。見《み》たくもないほど、ひどいようすを言《い》うのです。だからこの言葉《ことば》の場合《ばあい》は、意味《いみ》はあまり変《か》わっていません。しかし、言葉《ことば》の形《かたち》は変化《へんか》しています。「見《み》たくもない」から「みっともない」の変化《へんか》は次《つぎ》のようです。

「見《み》たくもない」→「見《み》たうもない」→「見《み》とう

もない」→「見《み》ともない」→「みっともない」。変化《へんか》のようすがわかりますか。

言葉《ことば》も人間《にんげん》と同《おな》じように、年《とし》をとるにしたがって、姿《すがた》かっこうが少《すこ》しずつ変《か》わるのです。

「かわいい子《こ》には旅《たび》をさせ」という、「かわいい」はどうでしょう。

「かわいい」の古《ふる》い形《かたち》は「かわゆい」です。「かわゆい」の語源《ごげん》は、顔《かお》が赤《あか》くなるという意味《いみ》の「顔《かお》、はゆし」だろうと言《い》われています。

その変《か》わり方《かた》は次《つぎ》のようだったのでしょう。

「顔《かお》はゆし」→「かおはゆい」→「かわはゆい」→「かわゆい」→「かわいい」。

口《くち》に出《だ》して順《じゅん》に言《い》ってみましょう、変化《へんか》がわかりますか。

「かわゆい」はもともとは、かっこう悪《わる》い、気《き》の毒《どく》だ、あわれでかわいそうといった意味《いみ》でしたが、室町時代末期《むろまちじだいまっき》には、同情《どうじょう》する、大事《だいじ》にしてあげるという気持《きも》ちが加《くわ》わり、愛《あい》らしい、いとしいという意《い》

味《み》でも使《つか》われるようになります。それが江戸時代中《えどじだいちゅう》期《き》になると語形《ごけい》は「かわいい」となり、その意味《いみ》ももっぱら愛《あい》らしいようすを言《い》うようになりました。現代《げんだい》の「かわいい」の誕生《たんじょう》です。それでは「かわゆい」のもともとの意味《いみ》である、気《き》の毒《どく》だという気持《きも》ちはどんな言葉《ことば》で表《あらわ》すことになったのでしょう。それは江戸時代《えどじだい》に新《あたら》しくできた「かわいそう」という言葉《ことば》です。「かわいそう」も「かわゆい」がもとになってできた言葉《ことば》です。「かわいい」と「かわいそう」は兄弟《きょうだい》の言葉《ことば》だったのですね。

言葉《ことば》には歴史《れきし》があり、その時間《じかん》の中《なか》で形《かたち》も変《か》わり、意味《いみ》や使《つか》い方《かた》も合《あ》わせて変《か》わっていくのです。語源探求《ごげんたんきゅう》はその歴史《れきし》をひもとくことです。

しっぺがえし

竹篦返し

きのうの自分《じぶん》から しっぺ返《がえ》し

二日《ふつか》よいだ…

意味《いみ》 **ひどいことをされたら、すぐさま同《おな》じようなし返《かえ》しをすること。**

語源《ごげん》 禅宗《ぜんしゅう》（鎌倉《かまくら》時代《じだい》に中国《ちゅうごく》から渡来《とらい》し流行《りゅうこう》した仏教《ぶっきょう》の宗派《しゅうは》）では、座禅《ざぜん》をします。足《あし》を組《く》んで背筋《せすじ》をのばし、目《め》をつぶって無念無想《むねんむそう》（何《なに》も思《おも》わない）になるという修行《しゅぎょう》です。修行《しゅぎょう》の足《た》らない人《ひと》は座禅中《ざぜんちゅう》、何《なに》かを考《かんが》えてしまったり、姿勢《しせい》が悪《わる》くなったりします。すると見回《みまわ》りの先生《せんせい》が竹《たけ》の棒《ぼう》で、その人《ひと》をピシ！　とたたくのです。この竹《たけ》の棒《ぼう》が「しっぺい（竹篦）」です。

僧《そう》はこの先生役《せんせいやく》を交代《こうたい》でするので、この前《まえ》打《う》たれた人《ひと》はしっぺいで、その打《う》った人《ひと》を打《う》ち返《かえ》すのです。これが「しっぺ（い）返《がえ》し」です。

今《いま》は修行《しゅぎょう》とは関係《かんけい》なく、「意地悪《いじわる》をつづけたりすると、痛《いた》いしっぺ返《がえ》しに会《あ》います」などと使《つか》います。

お姉《ねえ》ちゃん ソレ まる子《こ》のだよ
残《のこ》したんじゃなかったの？
あとで食《た》べようと思《おも》ってたのに〜
も〜お姉《ねえ》ちゃんのアイス全部《ぜんぶ》食《た》べてやる!!
しっぺ返《がえ》しをたくらむまる子《こ》だが
数分後《すうふんご》
おなか痛《いた》いよ〜〜
W・C
おバカ…
これこそがしっぺ返《がえ》しである

しゃちほこばる

鯱張る

意味《いみ》 いかめしく構《かま》えたり、緊張《きんちょう》したりして体《からだ》が固《かた》くなる。

語源《ごげん》 「しゃちほこ」は城《しろ》などの屋根《やね》の両《りょう》はしにつけられる、金属《きんぞく》やかわら製《せい》のかざり物《もの》で、火災《かさい》よけのお守《まも》りです。そのかざりは、頭《あたま》はトラ、体《からだ》は魚《さかな》、背中《せなか》にはとげがある想像上《そうぞうじょう》の動物《どうぶつ》で、しっぽをピンと上《うえ》にあげた、さかだち姿《すがた》です。名古屋城《なごやじょう》のはとくに有名《ゆうめい》です。

「しゃちほこ」の姿《すがた》、形《かたち》が近寄《ちかよ》りがたいほどいかめしく、こわいようなところから、しゃちほこのようにいばったり、突《つ》っ張《ば》ることを「しゃちほこ張《ば》る」と言《い》います。

「そんなにしゃちほこばって、どうしたの?」のように使《つか》います。音《おん》が詰《つ》まって「しゃちこばる」とか「しゃっちょこばる」とも言《い》います。

プレゼント わたさなきゃ
ドキ
ドキ
お…お…の く……ん
冬田《ふゆた》?
なに しゃちほこ ばってんだよ?
ポン
リラックス リラックス
ドッキーン
カッチーン
コッチン
?
ますます しゃちほこばり プレゼントをわたせない 冬田《ふゆた》さんであった……

語《ご》源《げん》たんけんニュース あいさつ編《へん》

わたしたちがいつも友《とも》だちや先生《せんせい》、ご近所《きんじょ》の人《ひと》たちとなにげなくかわしている「あいさつ」にも語源《ごげん》があるんだ。それをたんけんしてみよう。

おはよう

朝《あさ》、人《ひと》に会《あ》って「お早《はや》くから、ご精《せい》が出《で》ますね」と、もう起《お》きて動《うご》き回《まわ》っていることについてのかけ声《ごえ》でした。「お早《はや》く」が「おはよう」と、朝《あさ》の決《き》まり文句《もんく》になっていきました。

ありがとう

漢字《かんじ》で書《か》くと「有《あ》り難《がと》う」。これは「有《あ》る」ことが「難《かた》い（むずかしい）」。つまり、こんなことはめったにないという意味《いみ》。たとえば、親切《しんせつ》にしてもらえることなんて、そう多《おお》くはないはずですね。まさに親切《しんせつ》は「有《あ》り難《がた》い」ということになり、「ありがとう」という言葉《ことば》になるのです。

こんにちは

漢字《かんじ》では「今日《こんにち》は」。つまり「今日《こんにち》（きょう）はいい天気《てんき》ですね」や「今日《こんにち》はごきげんいかがですか」というあいさつの下《した》の部分《ぶぶん》が省略《しょうりゃく》されて「こんにちは」という決《き》まり文句《もんく》になりました。

ただいま

「たった今《いま》、帰《かえ》りました」の「たった今《いま》」の下《した》の部分《ぶぶん》が省略《しょうりゃく》されて「ただいま」になりました。

ただいま〜

こんばんは

漢字《かんじ》では「今晩《こんばん》は」。夜《よる》、人《ひと》に会《あ》った時《とき》のあいさつです。「今晩《こんばん》はいかがおすごしですか」というあいさつの下《した》の部分《ぶぶん》が省略《しょうりゃく》されて「こんばんは」に。

こんばんは何《なん》のオカズ？

さようなら

「そういうことであるならば」という意味《いみ》の「左様《さよう》ならば」が語源《ごげん》。つまり別《わか》れる時《とき》の「そういうことであるなら、これで失礼《しつれい》いたします」というあいさつが短《みじか》くなったのです。

デートして
さ…さようなら…

もしもし

「申《もう》す」という言葉《ことば》が語源《ごげん》。「申《もう》す」は「言《い》う」や「話《はな》す」のへりくだった言《い》い方《かた》。「申《もう》す申《もう》す」が変化《へんか》して「もしもし」になりました。

もしもし
宿題《しゅくだい》みせて

ねまわし 根回し

意味《いみ》 **仕事《しごと》がうまくいくように、内々《ないない》に打《う》ち合《あ》わせなどを事前《じぜん》にしておくこと。**

語源《ごげん》 木《き》を移《うつ》しかえる時《とき》は、幹《みき》を中心《ちゅうしん》に回《まわ》りをほり、そこから先《さき》の細《ほそ》い根《ね》は切《き》ってしまいます。こうすると数《すう》か月後《げつご》には、主要《しゅよう》な根《ね》の部分《ぶぶん》に土《つち》をつけたままの状態《じょうたい》で掘《ほ》り出《だ》すことができます。このように準備《じゅんび》すると木《き》の移《うつ》しかえはうまくいきます。この方法《ほう》が「根回《ねまわ》し」で、もともとは植木《うえき》屋《や》さんの言葉《ことば》で、今《いま》も使《つか》います。これにならって「話《はな》し合《あ》いがうまくいくように、きのう出席者《しゅっせきしゃ》に根回《ねまわ》しをしておいた」のように、あらかじめ内々《ないない》に打《う》ち合《あ》わせなどをしておくことも「根回《ねまわ》し」と言《い》うようになりました。

キラキラ
お手伝《てつだ》いするよ

クリスマス前《まえ》のまる子《こ》

佐々木《ささき》のじいさん何《なに》してるの？
根回《ねまわ》しじゃよ
主《おも》な根《ね》を残《のこ》して先《さき》の根《ね》を切《き》っておくとあとから新《あたら》しい細《ほそ》い根《ね》がよく生《は》えてほかの場所《ばしょ》への移《うつ》し植《う》えがうまくいくんだよ
なるほど大《おお》きなことを起《お》こす前《まえ》には
準備《じゅんび》が必要《ひつよう》なのですね
さくらさんランドセル持《も》ちましょうか？
い…いいよ
さっそく選挙《せんきょ》の根回《ねまわ》しの丸尾《まるお》くんであった

ぶっきらぼう

ぶっきら棒

意味《いみ》 **話《はな》し方《かた》や態度《たいど》に愛想《あいそ》がないようす。**

語源《ごげん》 この言葉《ことば》は「打《う》ち切《き》り棒《ぼう》」からできたと言《い》われます。切《き》ったあとにカンナをかけたりしてきれいにした角材《かくざい》に対《たい》して、切《き》ったままで何《なん》の加工《かこう》もしていない棒《ぼう》が「打《う》ち切《き》り棒《ぼう》」です。

「打《う》ち切《き》り棒《ぼう》」の「打《う》ち」は「打《う》ち消《け》し」などと同《おな》じく、その下《した》につづく言葉《ことば》を強《つよ》めます。「打《う》ち切《き》る」を乱暴《らんぼう》な言《い》い方《かた》で「ぶちきる」「ぶっきる」とも言《い》います。どうでもいい棒切《ぼうき》れなので、「打《う》ち切《き》り棒《ぼう》」は「ぶっきり棒《ぼう》」と呼《よ》ばれ、やがて「ぶっきらぼう」になったと思《おも》われます。

「ぶっきらぼうなあいさつ」より、元気《げんき》なあいさつのほうがいいですね。

ぶっきり棒《ぼう》
ター

大野《おおの》くん 私《わたし》たち 同《おな》じ チームよ
あっそ
杉山《すぎやま》くん ケガ してるよ
平気《へいき》 だよっ
ぶっきらぼうって モテるのかな…?
僕《ぼく》もやって みようか な…
ぽつ─ーん…
しかし ぶっきらぼうにする チャンスもなかった…

ほらをふく

法螺を吹く

ブオ〜

意味《いみ》 **おおげさに言《い》う。でたらめを言《い》う。**

語源《ごげん》 ほら貝《がい》という貝《かい》に細工《さいく》をしてふくと大《おお》きな音《おと》が出《で》ます。山伏《やまぶし》や武士《ぶし》はそれをふいて、けものよけや進軍《しんぐん》の合図《あいず》としました。ほら貝《がい》はびっくりするほどの大《おお》きな音《おと》を出《だ》すところから、「ほら」はおおげさとかでたらめのような意味《いみ》に転《てん》じました。「ふく」には「芽《め》をふく」のように「外《そと》に出《だ》す」という意味《いみ》もあります。「ほらをふく」は「おおげさなことやでたらめなことを口《くち》の外《そと》に出《だ》す」ということです。

ふつうは、ほらをふく人《ひと》は信用《しんよう》されませんが、秋田県《あきたけん》のある町《まち》ではお正月《しょうがつ》に「ほらふき大会《たいかい》」が行《おこな》われています。

それから『ほら吹《ふ》き男爵《だんしゃく》の冒険《ぼうけん》』という有名《ゆうめい》な物語《ものがたり》もありますよ。

市民《しみん》プール
お父《とう》さん すごく 泳《およ》ぐの上手《じょうず》 なんだよ
泳《およ》ぎは 得意《とくい》 なんだ
へーっ
小学生《しょうがくせい》の時《とき》に 遠《とお》くの島《しま》まで 泳《およ》いだくらい だからな
わー
へーえ
浮輪《うきわ》に乗《の》って 流《なが》されただけ じゃろーが
ほらふき ………

第《だい》二章《しょう》 ちびまる子《こ》ちゃんと仲間《なかま》、この言葉《ことば》はだれかのこと？

ほくそえむ
けち
とんちき
気《き》さく
お熱《ねつ》
真面目《まじめ》
じれったい
頓珍漢《とんちんかん》
べそをかく
のんき
無鉄砲《むてっぽう》

おねつ

お熱

意味《いみ》 だれか（異性《いせい》）に恋《こい》をして、夢中《むちゅう》になっているようす。

語源《ごげん》 みぎわさんは、花輪《はなわ》クンにお熱《ねつ》。そう、とっても好《す》きで夢中《むちゅう》になっているようすのことを「お熱《ねつ》」と言《い》います。何《なに》かに夢中《むちゅう》になったりすると、体中《からだじゅう》から熱《ねつ》が出《で》たように熱《あつ》くなってしまいます。心《こころ》が熱《あつ》く燃《も》えるようになるところから「お熱《ねつ》」という言葉《ことば》が生《う》まれました。サッカーに夢《む》中《ちゅう》になることを、「サッカーに熱中《ねっちゅう》する」とか「熱心《ねっしん》にサッカーの練習《れんしゅう》をする」とか、みな、「熱《ねつ》」という言葉《ことば》を使《つか》いますね。好《す》きな人《ひと》とオシャベリをすると顔《かお》が赤《あか》くなるのも、実《じつ》はみな「熱《ねつ》」のせいではないでしょうか？

次《つぎ》は大野《おおの》くんが泳《およ》ぐわ
花輪《はなわ》クンもよ
大野《おおの》くんのほうが速《はや》いわね
キャー
花輪《はなわ》クンのフォームは華麗《かれい》よっ
キャー
スポーツマンのほうがステキよ
優雅《ゆうが》なほうが魅力的《みりょくてき》よ
二人《ふたり》とも授業《じゅぎょう》は終《お》わりましたよ…
ギャー
ケンカにも熱《ねつ》が入《はい》っていたー!…
ピー

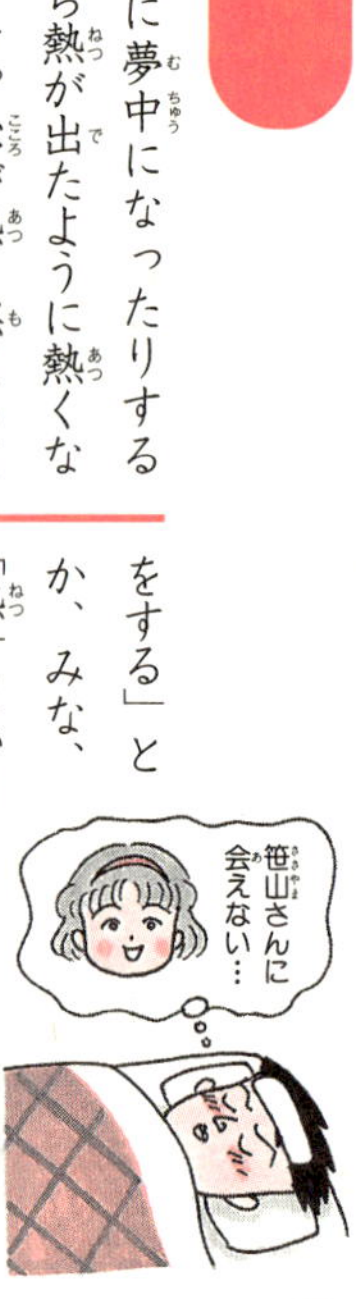
笹山《ささやま》さんに会《あ》えない…

きさく

気さく

意味《いみ》 **気持《きも》ちがさっぱりしていて、親《した》しみのあるようす。**

語源《ごげん》 そう、きさくの「き」は、気持《きも》ちとか気性《きしょう》の気《き》。また「サクイ」という古《ふる》い言葉《ことば》があって、「さっぱりしている」という意味《いみ》なのです。だから、どんな人《ひと》にも気持《きも》ちよくつきあったり、声《こえ》をかけたりする性格《せいかく》の持《も》ち主《ぬし》のことを「きさくな人《ひと》」と言《い》うのです。

使い方《つかかた》 校長先生《こうちょうせんせい》はだれにでも気安《きやす》く声《こえ》をかけてくれる、とても**気さく**でやさしい先生《せんせい》だ。

ドッジボールのメンバーが足《た》りないんだけど…
おう わしが入《はい》るぞ
さくらのじいさんて気《き》さくな人《ひと》だな
よーしやるぞいっ
しかし
ほれ！こっちじゃ
はははもういっちょ！
力強《ちからづよ》くていい球《たま》じゃ！
友蔵《ともぞう》はルールを知《し》らなかった…
気《き》さくなだけじゃダメだ…

きざ
気障

意味《いみ》 **服装《ふくそう》や言《い》ってることがわざとらしくきどっていて、イヤミな感《かん》じ。**

語源《ごげん》 ちょっときどって、かっこうをつけちゃってるお友《とも》だちっていませんか？　そういう人《ひと》を「きざ」な人《ひと》って言《い》うんだよ。もともと気《き》にさわるという意味《いみ》の「気障《きざわ》り」の「きざ」から来《き》た言葉《ことば》。きざな人《ひと》って一生懸命《いっしょうけんめい》かっこよく見《み》せようときどってるだけですから、あたたかく見守《みまも》ってあげようね。

ステキ♥

使い方《つかいかた》 ヨシオくんは少《すこ》し**きざ**だけど、親切《しんせつ》で友《とも》だち思《おも》いなので、クラスのみんなに好《す》かれている。

天《てん》を焦《こ》がすような夕陽《ゆうひ》だね
キザだねえ
詩人《しじん》と言《い》っておくれセニョリータ
ほら詩集《ししゅう》だって作《つく》っているのさ
読むかい？
ガーン
よ…読《よ》めないんだけど…
真夏の恋
キザもふっ飛《と》ぶ汚《きたな》い字《じ》であった

ぐうたら

意味《いみ》 **なまけていて、だらだらぐずぐずしているようす。またはそのような人《ひと》。**

語源《ごげん》 学校《がっこう》から帰《かえ》るとすぐにお菓子《かし》を食《た》べたり、テレビを見《み》たり、だらだらしている人《ひと》、宿題《しゅくだい》やったのかな？ やることがあるのに、ぐずぐずして何《なに》もしようとしない。そういう人《ひと》を「ぐうたら」と言《い》うんだよね。これは「愚《おろ》か者《もの》」の「愚《ぐ》」という言葉《ことば》と、心《こころ》がゆるんでるという意味《いみ》の「たるんでいる」の「たる」がくっつき「ぐうたら」と変化《へんか》したものです。つまり「おろかで、たるんでる」ってこと！

ぐう太郎《たろう》とも言《い》います
これはブー太郎《たろう》

ぐうたらしてないで片《かた》づけなさい
めんどくさいなァ〜〜〜
いくら片《かた》づけたって
毎日《まいにち》ぐうたらしてるうちにちらかるんだよね〜…
だったらこのままぐうたらしてたほうが得《とく》だね
……
大目玉《おおめだま》を食《く》らったのは言《い》うまでもない

読《よ》んで語覧《ごらん》

まるちゃんのように、しかられる時《とき》の「大目玉《おおめだま》」は…「大目玉《おおめだま》を食《く》らう」とか「大目玉《おおめだま》を食《く》う」と表現《ひょうげん》します。目玉焼《めだまや》きは食《く》っても大目玉《おおめだま》は食《く》わないように！

くわばらくわばら

桑原桑原

意味《いみ》 **災《わざわ》いをさける時《とき》の呪文《じゅもん》。**

語源《ごげん》 「くわばらくわばら」と声《こえ》に出《だ》して唱《とな》えると、いろんな災難《さいなん》に会《あ》わないと言《い》われてますが、もともとは雷《かみなり》よけの呪文《じゅもん》。

くわばらは「桑原《くわばら》」（桑畑《くわばたけ》のこと）で、雷《かみなり》の時《とき》は桑畑《くわばたけ》に逃《に》げると直撃《ちょくげき》されにくいとされていたので、このような呪文《じゅもん》ができたようです。それが語源《ごげん》。だれかな、授業中《じゅぎょうちゅう》に先生《せんせい》に当《あ》てられないよう、この呪文《じゅもん》を唱《とな》えている人《ひと》は？

ゴロ
ゴロ
わっ
ひぃぃ…
くわばら くわばら
な…なあにソレ？
雷《かみなり》よけのおまじないじゃよ
くわばら くわばら
へーえ
まる子《こ》！雨《あめ》なのに窓《まど》あけっぱなしにしてたね！
ひ〜っ くわばら くわばら
お母《かあ》さんの雷《かみなり》はよけられなかった

けち

意味《いみ》

自分《じぶん》のお金《かね》や物《もの》を出《だ》すのをひどくおしむこと。またはそのような人《ひと》。

語源《ごげん》

「けち」って知《し》っているよね。物《もの》おしみしたり、そういうことをする人《ひと》のことを言《い》いますよね。

もともとは、「怪事《けじ》」が語源《ごげん》なのです。これは怪《あや》しい・不吉《ふきつ》・えんぎが悪《わる》い、という意味《いみ》なのです。

宝ばこ

★「けち」のつく言葉《ことば》の使《つか》い方《かた》はいくつかあります。

けちがつく…怪《あや》しい不吉《ふきつ》なことが起《お》こる。

けちをつける…不吉《ふきつ》ないやなことを言《い》ったり、欠点《けってん》を見《み》つけて悪《わる》く言《い》うこと。

けちくさい…小《ちい》さく、くだらないようす。

けちん坊《ぼう》…けちな人《ひと》。

お姉《ねえ》ちゃんクレヨン貸《か》してよ
自分《じぶん》のがあるでしょ
色《いろ》が足《た》りないんだよ〜
かしてよ〜ッ
貸《か》せない
何《なに》さケチ
バン
ケチですって!?
あんたに折《お》られてボロボロになっちゃったのよ!

とんちき

意味《いみ》

ぼーっとしていたり、あまり気《き》の利《き》かない人《ひと》をしかったりする言葉《ことば》。

語源《ごげん》

まるちゃんのお父《とう》さん、ヒロシが人《ひと》をしかって言《い》ったりしています。「とんま」の「とん」と、「いんちき」などの「ちき」から来《き》ている言葉《こと》。あまりとんちきにならないように…。

使《つか》い方《かた》

「何《なに》を**とんちき**なこと、言《い》ってやがる！」などと、しかる感《かん》じで使《つか》いますが…良《よ》い子《こ》は使《つか》わない？

朝顔《あさがお》の種《たね》をまきましょう
はーいっ
よいしょ
あっ
それは俺《おれ》の鉢《はち》だぞ
関口
まちがえたー あははー
あはは
山田《やまだ》は本当《ほんとう》にとんちきだねぇ
あはは
まるちゃんまだ種《たね》うめてないよ…
さくら
まる子《こ》もとんちきであった

とんちんかん 頓珍漢

意味《いみ》 **ものごとが食《く》い違《ちが》ったり、ちぐはぐなようす。**

語源《ごげん》 これはもともと、金属《きんぞく》を熱《ねっ》して道《どう》具《ぐ》を作《つく》る鍛冶屋《かじや》さんの師匠《ししょう》と弟子《でし》がかわるがわるに打《う》つ槌音《つちおと》のずれ、が語源《ごげん》。師匠《ししょう》がトンと打《う》つと、次《つぎ》に弟子《でし》がチン。師匠《ししょう》がカンと打《う》つとまた、弟《で》子《し》がトン。チン、カン、トンチン…。

四字熟語《よじじゅくご》「○肉《にく》○食《しょく》」を「焼肉定《やきにくてい》食《しょく》」なんて、とんちんかんな答《こた》えはよしてね。（弱肉強食《じゃくにくきょうしょく》が正解《せいかい》！）

使《つか》い方《かた》 山田《やまだ》くんの**とんちんかん**な質問《しつもん》に先生《せんせい》はいつも返事《へんじ》に困《こま》っている。

トン
チン
カン

三丁目《ちょうめ》の小林《こばやし》さんちに届《とど》けろって母《かあ》ちゃんに言《い》われたけど…
三丁目《ちょうめ》ってどこだ？
あっ山田だっ
三丁目《ちょうめ》なら鈴木《すずき》さんちのあるとこじゃよ
鈴木《すずき》さんなんて知《し》らないじょ
おかっぱ頭《あたま》の娘《むすめ》さんがおるうちじゃよ
おかっぱ頭《あたま》なら知《し》ってるじょ
はいお届《とど》けもの
あんたら…そんなとんちんかんでこの先大丈夫《さきだいじょうぶ》なの…？

のんき

呑気・暢気

意味《いみ》 **心《こころ》がゆったりと、のんびりしていて気《き》にしないようす。**

語源《ごげん》 中国《ちゅうごく》では「ノンキ」は暖《あたた》かい気候《きこう》のこと。「暖気《ノンキ》」。そこからぽかぽかのんびりした感《かん》じの性格《せいかく》を指《さ》すようになったものと考《かんが》えられます。暖《あたた》かい日《ひ》などのんびりした気持《きも》ちになりますよね。のんきな感《かん》じは悪《わる》いようすではありませんが、時《とき》と場合《ばあい》によっては、あまりのんきであっても困《こま》りもの。そう、明日《あす》テストだというのに、前《まえ》の晩《ばん》、テレビばかりのんきに見《み》ていると…知《し》りませんよ。

使《つか》い方《かた》 まるちゃんはおじいちゃんの財布《さいふ》の中身《なかみ》も考《かんが》えずに、高級鮨店《こうきゅうすしてん》でどんどん注文《ちゅうもん》した。ホントにまるちゃんは**のんき**だ。

果報《かほう》は寝《ね》て待《ま》て
もう何年《なんねん》も待《ま》ってる

春《はる》だなァ
でもこの花《はな》なかなか大《おお》きくならないのよ
ポカポカ
そのうち大《おお》きくなるだろ
も〜のんきなんだから
お父《とう》さんラジオの音《おと》が大《おお》きくならないんだけど
こわれたのかしら?
そのうち大《おお》きくなるだろ
お父《とう》さんの買《か》ってくれた服《ふく》大《おお》きすぎるよ
まる子《こ》もそのうち大《おお》きくなるだろ
のんきすぎてある…
ポカポカ

ぴかいち

ぴか一

意味《いみ》

たくさんの中《なか》で一人《ひとり》（一《ひと》つ）だけきわだって優《すぐ》れていること。

語源《ごげん》

花札《はなふだ》というカードで遊《あそ》ぶゲームの中《なか》で、配《くば》られた七枚《まい》のうち、二十点《てん》札《ふだ》（光《ひか》り物《もの》）が一枚《まい》のみで、あとはぜんぶカスのカードの場合《ばあい》、ほかの相手《あいて》から、同情点《どうじょうてん》として四十点《てん》ずつがもらえます。

光《ひか》り物《もの》が一枚《まい》ということで、ぴかぴかが一枚《まい》。

つまり、「ぴかいち」になったわけです。

使《つか》い方《かた》

五年生《ねんせい》の中《なか》で、歌《うた》がうまいのは成《なる》美《み》ちゃんだ。彼女《かのじょ》の歌声《うたごえ》はなんてったって、**ぴかいち**だからね。

ピカッ

すげぇだろ このプラモ
わー かっこいいい
俺《おれ》の持《も》ってる中《なか》じゃ こいつがぴかいちだな
いいなー
キキーッ
関口《せきぐち》くんの プラモデル見《み》せて もらいに来《き》たよ
プラモデルの 輝《かがや》きは 消《け》しとんだ

べそをかく

意味《いみ》

口《くち》がへの字《じ》になって今《いま》にも泣《な》き出《だ》しそうになること。

語源《ごげん》

泣《な》き出《だ》しそうな小《ちい》さい子《こ》の口《くち》もとは、どうなっていますか。ぐっと力《ちから》を入《い》れて、ひらがなの「へ」の字《じ》の形《かたち》にゆがんでいますね。これを「圧《へ》し口《くち》」と言《い》うのです。「木《き》の枝《えだ》を圧《へ》し折《お》る」の「圧《へ》し」です。その「へしくち」が「べそくち」になって、「べそをかく」という言葉《ことば》ができました。

「能《のう》」という日本《にほん》の古典芸能《こてんげいのう》に使《し》用《よう》されるお面《めん》の一《ひと》つに「大《おお》べし」というものがありますが、口《くち》が大《おお》きく「へ」の字《じ》になっていて、べそをかいている子供《こども》と同《おな》じような顔《かお》のお面《めん》なのです。

へそをかく
ぽりぽり

掃除係《そうじがかり》です みなさん掃除《そうじ》してください
やだね
帰《かえ》ろ帰《かえ》ろ
ウッ…
ウッ…
前田《まえだ》さん そんなベソかかなくても… あきらめようよ
掃除《そうじ》してくださあい
そ…それにしても…すごい顔《かお》
プッ
クッ
笑《わら》ってかくベソもある
うっ…
うっ…
プ〜ッ
ククク…

ほくそえむ

ほくそ笑む

意味《いみ》

考《かんが》えていた、思《おも》っていたとおりになり、ひそかに笑《わら》うこと。

語源《ごげん》

思《おも》っていたとおりの結果《けっか》になって、にやにやひそかに笑《わら》う…それが、ほくそ笑《え》む。

中国《ちゅうごく》に「北叟《ほくそう》」という老人《ろうじん》がいて、うれしい時《とき》も、そうでない時《とき》もほんの少《すこ》しだけ笑《わら》ったと言《い》われていました。そこから「ほくそ笑《え》む」という言葉《ことば》ができました。この「北叟《ほくそう》」とは「塞翁《さいおう》」のこと（一七二ページを見《み》てね）。

使い方《つかいかた》

いい点《てん》を取《と》って、お小遣《こづか》いがふえた、なんて時《とき》は、だれもが野口《のぐち》さんのように、「くくく」と、**ほくそ笑《え》むこと**、まちがいない！

ほくそ笑《え》む笑子《えみこ》
クク…

さっき穴《あな》掘《ほ》ってたでしょ
わ
落《お》ちた人《ひと》がいたなんて言《い》えやしないよ…
な…何《なん》だよ
あれは落《お》とし穴《あな》なんだよ
落《お》とすために作《つく》ったんだからいいんだブー
ぬっ
犯人《はんにん》は君《きみ》たちだったんですか
わーっ
ほくそ笑《え》む野口《のぐち》さんであった

語源《ごげん》たんけんニュース 文具編《ぶんぐへん》

みんなの身近《みぢか》にあるえんぴつと消《け》しゴム。なにげなーく使《つか》っているものについて謎《なぞ》があるようです。ちょっとたんけんしてみましょう。

えんぴつのH《エイチ》とかB《ビー》って何《なん》だろう？
消《け》しゴムでどうして消《け》せるの？
えんぴつも消《け》しゴムも忘《わす》れたー
まる子《こ》も難問《なんもん》にぶつかり中《ちゅう》

えんぴつの語源《ごげん》・歴史《れきし》

語源《ごげん》…漢字《かんじ》は鉛筆《えんぴつ》。芯《しん》は黒鉛《こくえん》からできているので黒鉛《こくえん》の筆《ふで》ということで、「鉛筆《えんぴつ》」となりました。

鉛《なまり》のように毒《どく》がないので安心《あんしん》してね。

歴史《れきし》…一五六四年《ねん》、イギリスのボローデル山《さん》で、黒《くろ》いかたまりが発見《はっけん》され、それで文字《もじ》を書《か》いてみると紙《かみ》にはっきり書《か》けるのです。それが「黒鉛《こくえん》」。

そこで最初《さいしょ》は、黒鉛《こくえん》を木《き》にはさんだり、布《ぬの》にまいて使《つか》っていたようです。

消《け》しゴムの語源《ごげん》・歴史《れきし》

語源《ごげん》…字《じ》を「消《け》す」材料《ざいりょう》が「天然《てんねん》ゴム」であるところから、「消《け》しゴム」と名前《なまえ》がつきました。

歴史《れきし》…一七七〇年《ねん》にイギリスの化学者《かがくしゃ》・プリーストリー（酸素《さんそ》の発見者《はっけんしゃ》）が、天然《てんねん》ゴムでえんぴつの文字《もじ》が消《け》せることを発見《はっけん》しました。その後《ご》、日本《にほん》では世界《せかい》でもっとも早《はや》くプラスチック消《け》しゴム（消《け》す力《ちから》がすごいぞ）を発売《はつばい》しました。

ズバリ！　クイズでしょう！

えんぴつの謎《なぞ》なぞ??

1

9H《エイチ》、8H《エイチ》、7H《エイチ》、6H《エイチ》、5H《エイチ》、4H《エイチ》、3H《エイチ》、2H《エイチ》、H《エイチ》、F《エフ》、HB《エイチビー》、B《ビー》、2B《ビー》、3B《ビー》、4B《ビー》、5B《ビー》、6B《ビー》、って、なんだぁ～？

2

HB《エイチビー》のえんぴつ1本《ぽん》でどれくらいの長《なが》さの線《せん》がひけるの？

3

日本《にほん》ではじめてえんぴつを使《つか》った人《ひと》はだれ？

4

なぜえんぴつは6角形《かくけい》？

5

なぜ消《け》しゴムで字《じ》が消《け》せるの？

こたえ

❶H《エイチ》は英語《えいご》でHard《ハード》（硬《かた》い）の頭文字《かしらもじ》。B《ビー》は英《えい》語《ご》のBlack《ブラック》（黒《くろ》い）の頭文字《かしらもじ》。だからH《エイチ》が多《おお》いと薄《うす》く硬《かた》い芯《しん》で、B《ビー》が多《おお》くなると濃《こ》くやわらかい芯《しん》に。H《エイチ》とHB《エイチビー》の中間《ちゅうかん》はF《エフ》（Firm《ファーム》:しっかり と）で示《しめ》しています。9H《エイチ》～H、F《エイチエフ》、HB,B《エイチビービー》～6B《ビー》と全《ぜん》部《ぶ》で17種類《しゅるい》あるのです。

❷約《やく》50Km《キロメートル》です。マラソンが42.195km《キロメートル》だから、たまげた!!

❸徳川家康《とくがわいえやす》と言《い》われています。静岡県《しずおかけん》久能山《くのうざん》の東照宮《とうしょうぐう》に保存《ほぞん》されてます。

❹3本《ぼん》のゆびでにぎるから3の倍数《ばいすう》の6角形《かくけい》がにぎりやすく感《かん》じるのです。

❺えんぴつで字《じ》が書《か》けるのは、黒鉛《こくえん》のくだけた細《こま》かいツブが、紙《かみ》の繊維《せんい》にくっつくからです。消《け》しゴムでその部分《ぶぶん》をこすると、黒鉛《こくえん》のツブが消《け》しゴムの表面《ひょうめん》にくっつくからです。紙《かみ》の繊維《せんい》よりゴムのほうが黒鉛《こくえん》はくっつきやすいのです。

資料協力:トンボ鉛筆

まじめ

真面目

意味《いみ》 **本気《ほんき》で真剣《しんけん》であること。まごころがあること。**

語源《ごげん》 まじは「まじまじ」や「まじろぐ」など、目《め》のまばたきから来《き》た言葉《ことば》です。心《こころ》が緊張《きんちょう》した時《とき》など、目《め》を

ぱちぱちして真剣《しんけん》な顔《かお》つきになりますよね。
一生懸命《いっしょうけんめい》に勉強《べんきょう》をしたり、お母《かあ》さんの言《い》うことをよく聞《き》いて、おつかいに行《い》ったり、おそうじを手伝《てつだ》ったり、もう、まじめ顔《がお》。ずばり！　わたくし丸尾《まるお》はまじめでしょう！

まじめすぎ…

まじめな目《め》

何読《なによ》んでるの？
歴史《れきし》の本《ほん》だよ
えーっ
休《やす》み時間《じかん》にまで勉強《べんきょう》の本《ほん》〜？
まじめだね〜
勉強《べんきょう》はおもしろいからね
ワタクシも勉強《べんきょう》していますよ！
がばっ
テスト前《まえ》には勉強教《べんきょうおし》えますから一票《いっぴょう》くださいね
丸尾《まるお》くんのまじめにはウラがあるよね…

むてっぽう 無鉄砲

意味《いみ》 **あとさきのことも考《かんが》えず、一気《いっき》にものごとをやってしまうこと。むこう見《み》ずなこと。**

語源《ごげん》 中国《ちゅうごく》の漢字文章《かんじぶんしょう》を読《よ》みやすくするため、返《かえ》り点《てん》やおくりがなをつけます。が、それがないことを「無点《むてん》法《ほう》」と言《い》い、意味《いみ》がわからなく、むちゃくちゃになります。また、「無《む》手法《てほう》」は、手《て》に何《なに》もないことで、手《しゅ》段《だん》が何《なに》もないこと。それらの言葉《ことば》から、結果《けっか》を考《かんが》えずにむちゃな行動《こうどう》することを「むてっぽう」と言《い》うようになったようです。先《さき》のことはよく考《かんが》えて行動《こうどう》しましょう。

わっ スゴイ 大《おお》きい犬《いぬ》！
ぬっ
ホントだ
さがってください ワタクシが追《お》いはらいます
えっ
何《なに》を無鉄砲《むてっぽう》な！
クラスメイトを守《まも》るのも学級委員《がっきゅういいん》の仕事《しごと》
犬《いぬ》よ かかってきなさい
ダッ
さあ さあ
やっぱり無鉄砲《むてっぽう》だ…
ちゃんとつながれてたしね…

食《た》べるぞー
どんっ

第《だい》四章《しょう》 動《どう》物《ぶつ》の名《な》前《まえ》が入《はい》った言《こと》葉《ば》

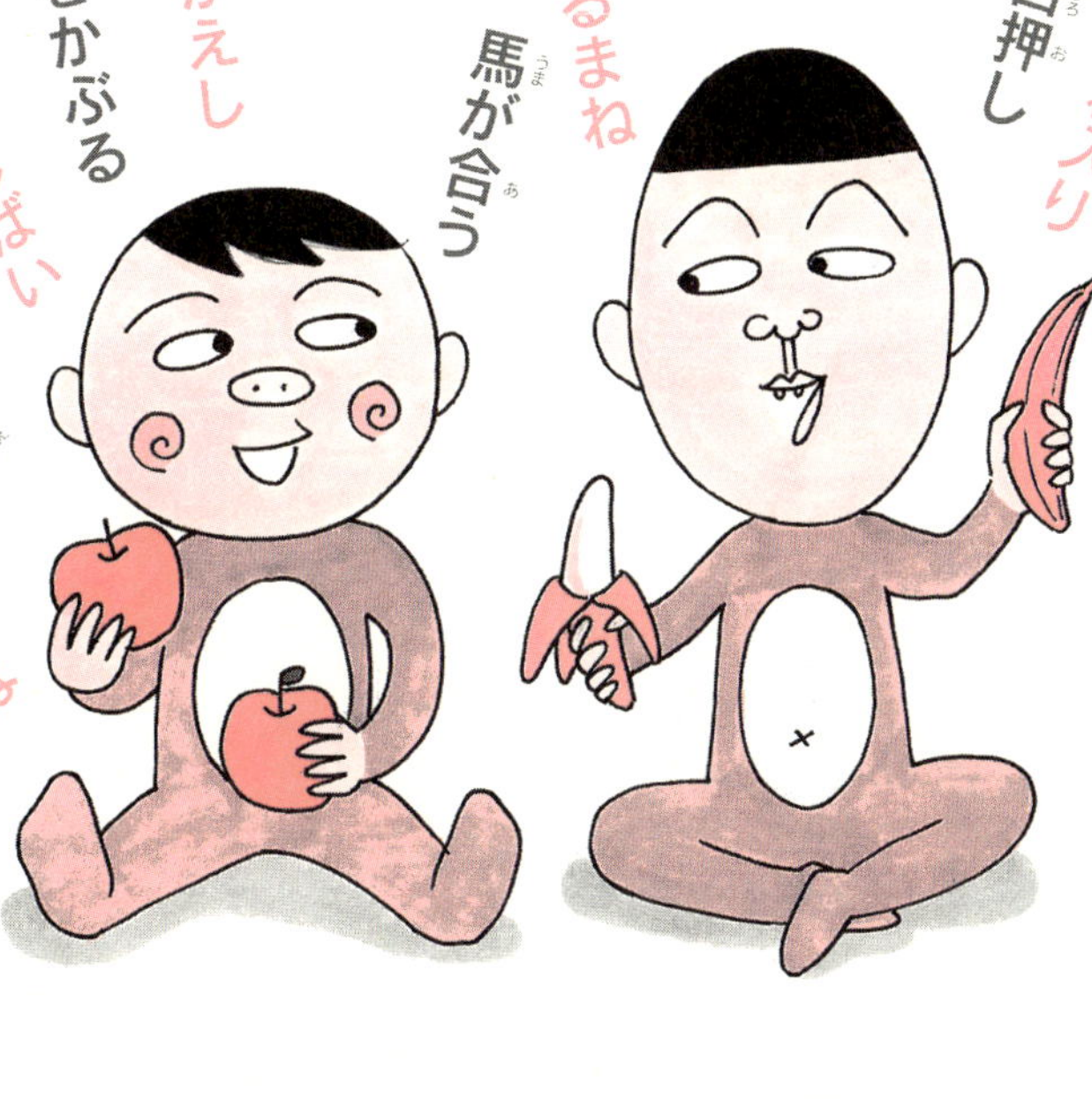

くまで
たぬき寝入《ねい》り
目《め》白《じろ》押《お》し
ねずみ算《ざん》
猿《さる》知《ぢ》恵《え》
さるまね
馬《うま》が合《あ》う
おうむがえし
猫《ねこ》をかぶる
さるしばい
鶴《つる》の一《ひと》声《こえ》
ねこばば

うのめたかのめ
鵜の目鷹の目

意味《いみ》

えものをねらうような目《め》つきで、熱心《ねっしん》に物《もの》をさがすようす。

語源《ごげん》

鵜《う》はかぎ形《がた》のくちばしを持《も》つ水《みず》鳥《どり》。鵜は水《みず》の中《なか》の魚《さかな》をねらい、鷹《たか》は、ウサギなど、小動物《しょうどうぶつ》をねらって目《め》を見《み》開《ひら》き、行動《こうどう》します。そこから何《なに》か（相手《あいて》の悪《わる》いところや自分《じぶん》に得《とく》になるようなもの）を熱心《ねっしん》にさがすようすを「鵜《う》の目《め》鷹《たか》の目《め》」と言《い》います。

使い方《つかいかた》

バーゲン会場《かいじょう》では、**鵜《う》の目《め》鷹《たか》の目《め》**で安《やす》くて良《よ》い商品《しょうひん》をさがすのに必死《ひっし》なお客《きゃく》さんでごったがえしている。

じーっ
う…

城ケ崎《じょうがさき》さんて本当《ほんとう》にかわいいね！
欠点《けってん》ないんじゃない？
そんなことないわよ！
欠点《けってん》だらけよ
みぎわさん…
じ〜っ…
やめてよ鵜《う》の目《め》鷹《たか》の目《め》で
そこにホクロがあるわ！
……
あったっていいじゃん

うまがあう

馬が合う

意味《いみ》 **気《き》が合《あ》うこと。**

語源《ごげん》 いっつもいっしょにいて楽《たの》しい、お話《はなし》が合《あ》う友《とも》だちっているよね。そういう友《とも》だちとは「うまがあう」と言《い》います。馬《うま》は賢《かしこ》い動物《どうぶつ》です。馬《うま》は人《ひと》の気持《きも》ちを見《み》ぬきます。馬《うま》ぎらいや、馬《うま》をこわがったりする人《ひと》は、馬《うま》もその人《ひと》をいやがり、うまく（しゃれではありません）乗《の》って出《で》かけるなんてできないのです。ですからむかしの人《ひと》にとって馬《うま》と気持《きも》ちをいっしょにすることは大切《たいせつ》なこと。そこで気《き》の合《あ》う者《もの》どうしを「うまがあう」と言《い》ったのです。

使《つか》い方《かた》 転校《てんこう》したばかりだけど、すぐに大輔《だいすけ》くんと仲良《なかよ》しになれた。趣味《しゅみ》も同《おな》じで、大輔《だいすけ》くんとはとっても**うまがあう。**

きのう お笑《わら》い 見《み》た？
見たー
まるちゃん 野口《のぐち》さんと うまがあってる…
でも 今《いま》だけ だよね
いつでも あうわけじゃ ないよね…!?
……
Z
!
布団《ふとん》が
ふっと んだ
寝《ね》てた のに…
ガバッ
かなり不安《ふあん》な たまえであった

おうむがえし

鸚鵡返し

意味《いみ》 **相手《あいて》の言《い》ったことをそのまま言《い》い返《かえ》すこと。**

語源《ごげん》 鳥《とり》のおうむは人《ひと》の言葉《ことば》を覚《おぼ》え、よくマネをします。それで同《おな》じことを言《い》い返《かえ》すことを「おうむがえし」と言《い》ったのです。

宿題《しゅくだい》やったの?
宿題《しゅくだい》やったよ
←ウソ

読《よ》んで語覧《ごらん》

鳥《とり》の特徴《とくちょう》をよく見《み》てできた言葉《ことば》はほかにもあるよ。**おしどり夫婦《ふうふ》**→とても仲《なか》の良《よ》い夫婦《ふうふ》。おしどりのおすとめすがいつもいっしょにいるから。**うぐいす嬢《じょう》**→館内放送《かんないほうそう》や選挙運動《せんきょうんどう》でアナウンスをする声《こえ》のきれいな女《おんな》の人《ひと》。うぐいすの鳴《な》き声《ごえ》の美《うつく》しいことから。

おうむって おうむ返《がえ》し するんでしょ?
そうさ
しーん
オハヨー
何《なに》も 言《い》わない じゃん
うちの おうむは そうじゃ ないのさ
オハヨー
ボンジュ〜ル
ボンジュ〜ル
とてもキザな おうむ返《がえ》しであった

からすのぎょうずい
鳥の行水

意味《いみ》 **お風呂《ふろ》に入《はい》っている時間《じかん》が短《みじか》いこと。**

語源《ごげん》 お風呂《ふろ》に入《はい》るの好《す》きですか？ きらいですか？ お風呂《ふろ》に入《はい》ってもすぐに出《で》ちゃうことを「からすの行《ぎょう》水《ずい》」と言《い》うのです。からすの水浴《みずあ》びは時間《じかん》が短《みじか》い。それがからすの行水《ぎょうずい》の語源《ごげん》。

ところで、行水《ぎょうずい》とは何《なん》ぞや→お湯《ゆ》や水《みず》をたらい（ひらたい大《おお》きなおけ）に入《い》れて、体《からだ》の汗《あせ》を洗《あら》い流《なが》すことですが、もともとは仏教《ぶっきょう》の言葉《ことば》で「食事《しょくじ》のあとに手《て》を洗《あら》うこと」というパーリ語《ご》を行水《ぎょうずい》と訳《やく》したものです。そこからお祈《いの》りをする時《とき》、きれいな水《みず》で体《からだ》を洗《あら》い清《きよ》めるという意味《いみ》になっていきました。

夏《なつ》はコレじゃ

友蔵《ともぞう》の行水《ぎょうずい》

え!? もうお風呂《ふろ》あがったの!?
うん
まるでカラスの行水《ぎょうずい》ね
早《はや》くテレビつけてよ
じゃ私《わたし》お風呂《ふろ》入《はい》ってくる
あはは…
つめたーっっ
まだ水《みず》じゃないのっ
テレビ見《み》たくてお風呂《ふろ》入《はい》らなかったわね!?

くまで
熊手

意味《いみ》
落《お》ち葉《ば》などをかき集《あつ》める道具《どうぐ》。竹《たけ》の先《さき》を曲《ま》げて、クマの手《て》のようにしたものに長《なが》い柄《え》をつけたもの。

語源《ごげん》
竹《たけ》の先《さき》が爪《つめ》のように曲《ま》がった形《かたち》がクマの手《て》に似《に》ているから、という説《せつ》と、ある地方《ちほう》の方言《ほうげん》で、燃料《ねんりょう》にする木《き》の葉《は》を「くま」と呼《よ》んだから、という二《ふた》つの説《せつ》があります。

酉《とり》の市《いち》で売《う》っている、お面《めん》や小判《こばん》をはりつけた「くまで」は、お金《かね》や幸運《こううん》を「かき集《あつ》める」エンギものとして人気《にんき》があります。

エンギもの「くまで」←

家内安全
福よせ

くまでを買《か》いに酉《とり》の市《いち》に行《い》こう
わーい
けっこう高《たか》いんだね
5千円
1万円
うーむ
小《ちい》さいくまででもこうすれば
幸《しあわ》せをいっぱいかき込《こ》めるじゃろう
うん そうだね
やあ! さくらくん
宝
花輪《はなわ》クン… 清水《しみず》市の幸《しあわ》せ独《ひと》り占《じ》めにしてるね…?

さるしばい

猿芝居

意味《いみ》 **すぐばれてしまうような、つまらないたくらみ。**

語源《ごげん》 もともと、猿《さる》を訓練《くんれん》して行《おこな》う芝居《しばい》のこと。お猿《さる》さんのお芝居《しばい》、見《み》たことある人《ひと》も多《おお》いと思《おも》います。とてもかわいくてゆかいですが、もちろん、人間《にんげん》が演《えん》じるお芝居《しばい》のようにはいきません。そんなところから、安《やす》っぽい芝居《しばい》とでも言《い》うのでしょうか、すぐばれてしまうようなミエミエのたくらみ、演技《えんぎ》、芝居《しばい》のことを「さるしばい」と言《い》うのです。

キライな授業時間《じゅぎょうじかん》をさぼろうと「先生《せんせい》、急《きゅう》におなかが痛《いた》くなって…イテテ」なんて言《い》ったところで、そんな猿芝居《さるしばい》、先生《せんせい》にすぐ見《み》ぬかれます。

さるカニ合戦
猿《さる》の紙芝居《かみしばい》

エイプリルフール
おーい UFO《ユーフォー》だー!
すごく デカいブー
宇宙人《うちゅうじん》が降《お》りてきたぞ
フン ひっかから ないよ
ち… 地球侵略《ちきゅうしんりゃく》でしょうか!?
ひぃぃ…
こんな猿芝居《さるしばい》にひっかかる丸尾《まるお》くんって…

読《よ》んで語覧《ごらん》

「エイプリルフール」を日本語《にほんご》にすれば「四月《がつ》ばか」。そう、四月一日《がつついたち》にだれかにかつがれたことありませんか? この日《ひ》だけはうそをついても、だまされたほうが「ばか」ってことに。

さるぢえ

猿知恵

意味《いみ》
賢《かしこ》そうに見《み》えても本当《ほんとう》はあまり賢《かしこ》くない考《かんが》え。

語源《ごげん》
猿《さる》は人間《にんげん》にもっとも近《ちか》い動物《どうぶつ》ですね。だからその脳《のう》も人間《にんげん》にとっても近《ちか》いもの…なんですが、残念《ざんねん》ながら実際《じっさい》はそうでもないようです。やはり言葉《ことば》をあやつり、手足《てあし》を猿《さる》以上《いじょう》に器用《きよう》に動《うご》かし、学校《がっこう》に通《かよ》い、勉強《べんきょう》する人間《にんげん》にはかなわないようです。

そんなわけで、一見《いっけん》、賢《かしこ》そうでも浅《あさ》はかな考《かんが》えを「さるぢえ」と言《い》うのです。

あっ
ガシャン
どうしよう このお皿《さら》
お母《かあ》さん 気《き》に入《い》ってたのに…!!
ひえぇ
いいやっ おじいちゃんのせいにしよう
ひどい まる子《こ》である
ここに おじいちゃんの服《ふく》でも置《お》いといて…
私《わたし》はおじいちゃんといっしょだったのよ
まる子ォ
しょせん猿知恵《さるぢえ》…
はっ

夜《よる》じゅう起《お》きてれば
寝《ね》ぼうしない

さるまね

猿真似

意味《いみ》 **深《ふか》い考《かんが》えもなしに、うわべだけマネをすること。**

語源《ごげん》 動物園《どうぶつえん》に行《い》ってお猿《さる》さんを観察《かんさつ》してみましょう。猿《さる》の前《まえ》で、いろいろ体《からだ》を動《うご》かしてみましょう。意外《いがい》や意《い》外《がい》、自分《じぶん》と同《おな》じような動《うご》きをする時《とき》があるのです。もちろん、これは何《なに》か目的《もくてき》があってやってることではなく、ただ単《たん》に人間《にんげん》の動《うご》きをまねているだけなのです。そんな猿《さる》の習性《しゅうせい》(本来持《ほんらいも》っている性格《せいかく》、行動《こうどう》)から、何《なに》も考《かんが》えずにただ他人《たにん》のやることをまねること、それを「さるまね」と言《い》うのです。人間《にんげん》らしく、しっかり考《かんが》えて行動《こうどう》しましょうってことですね。

見《み》て あのサル! まる子《こ》のマネ してるよ!
本当《ほんとう》じゃな
サル山
あはは おもしろーい
ほれ ほれ
何《なに》 サルの マネなんか してんだ?
ガーン

ボンジュール

読《よ》んで語覧《ごらん》

「猿《さる》」の名《な》のつく植物《しょくぶつ》もあるよ。

さるすべり…幹《みき》や枝《えだ》がつるつるした木《き》。猿《さる》もすべるほどなめらかな木肌《きはだ》であるところが語源《ごげん》。

さるのこしかけ…木《き》の幹《みき》に寄生《きせい》し固《かた》いこしかけ状《じょう》になるきのこ。

たぬきねいり

たぬき寝入り

意味《いみ》 **眠《ねむ》ったふりをすること。**

語源《ごげん》 たぬきって動物《どうぶつ》、見《み》たことありますか？ 実《じつ》はとっても臆病《おくびょう》でこわがりな動物《どうぶつ》なのです。どれくらい臆病《おくびょう》かというと、一度《いちど》驚《おどろ》くと、ショックで気《き》を失《うしな》うほどなのです。

で、このたぬきのようすをむかしの人《ひと》は眠《ねむ》ったふりをして人間《にんげん》をだましているんだと考《かんが》えました。

そこで、都合《つごう》が悪《わる》くなり眠《ねむ》ったふりすることを「たぬきねいり」と言《い》うようになったのです。

使い方《つかいかた》 お母《かあ》さんが小言《こごと》を言《い》う時《とき》、いつもお父《とう》さんは**たぬき寝入《ねい》り**をしてやりすごそうとしている。うまい作戦《さくせん》だ。

たぬき寝入《ねい》りやめろー
本当《ほんとう》に寝《ね》てたのに……

8月
まる子《こ》は？
昼寝《ひるね》よ
どうかしたの？
グーグー
こんなのが出《で》てきたのよ
なになに
六時《じ》にラジオ体操《たいそう》
午前中《ごぜんちゅう》に勉強《べんきょう》…
ぜんぜんやってないわね
起《お》きたらしからなきゃ
グーグー
今《いま》だってたぬき寝入《ねい》りよ…
ぐっ…
グーグー
当分《とうぶん》起《お》きられないまる子《こ》であった

つるのひとこえ
鶴の一声

意味《いみ》 **その一声《ひとこえ》でみんながしたがうような、力《ちから》のある人《ひと》の発言《はつげん》。**

語源《ごげん》 脚《あし》が長《なが》く、とっても美《うつく》しい鳥《とり》、それが鶴《つる》。また亀《かめ》とともに長生《ながい》きのめでたい生《い》き物《もの》としてあつかわれていますね。その鶴《つる》が寒《さむ》い冬《ふゆ》、雪景色《ゆきげしき》の中《なか》で鳴《な》いてる声《こえ》は、はっとするほど、あたりに大《おお》きく響《ひび》くのです。そこから、みんながはっとして、その言葉《ことば》に聞《き》き入《い》ってしまう一声《ひとこえ》を「鶴《つる》の一声《ひとこえ》」と言《い》うようになったのです。

使い方《つかいかた》 学習発表会《がくしゅうはっぴょうかい》の出《だ》し物《もの》について意見《いけん》がまとまらなかったが、クラス委員《いいん》の丸尾《まるお》くんの「郷土《きょうど》の歴史《れきし》にしよう」という**鶴《つる》の一声《ひとこえ》**で意見《いけん》がまとまった。

……
カメの一声《ひとこえ》

働くんたち
商店《しょうてん》のようすを調《しら》べて班《はん》ごとに発表《はっぴょう》してください
お菓子屋《かしや》さんにしようよ
おもちゃ屋《や》は？
肉屋《にくや》がいいぞ
レストランもいいな
ペットショップは？
魚屋《さかなや》は？
あーめんどくせっ 空手道場《からてどうじょう》なっ!! 決《き》まりっ!!
次《つぎ》っ さくらさんっ
商店《しょうてん》じゃないじゃんここ…
おもしれー
イテテ…

とらのこ

虎の子

意味《いみ》 **大事《だいじ》にして、手元《てもと》から離《はな》すことができないもの（とくにお金《かね》）のこと。**

語源《ごげん》 虎《とら》って動物《どうぶつ》、知《し》ってますよね。たいへんおそれられている動物《どうぶつ》ですが、実《じつ》は、とっても自分《じぶん》の子供《こども》を大《たい》切《せつ》に守《まも》り、かわいがって育《そだ》てるのです。とてもあの顔《かお》からは想像《そうぞう》できないかもしれませんが、そういう虎《とら》の性格《せいかく》から、とっても大切《たいせつ》に手元《てもと》に持《も》っているものを虎《とら》の子《こ》と言《い》うようになったのです。もし、貯金箱《ちょきんばこ》にためてある大切《たいせつ》なお金《かね》があるのなら、それはあなたの虎《とら》の子《こ》ですね。もちろん、ぶたの貯金箱《ちょきんばこ》に入《はい》っていたとしてもね。

父《ちち》の日《ひ》のプレゼント いっしょに買《か》わない？
いいよ
サイフなんてどう？
私《わたし》 千円《えん》あるから
う… 今月《こんげつ》は お金《かね》ないいん だった…
しかたない… この虎《とら》の子《こ》で
ちょきんばこ
百二十円《えん》…!!
へへ…
プレゼントは 肩《かた》もみ券《けん》になった

虎《とら》の子《こ》　ねこの子《こ》

ねこばば

猫糞

意味《いみ》

ひろったものを、こっそり、そ知《し》らぬ顔《かお》してそのまま自分《じぶん》のものにすること。

語源《ごげん》

「あ、お財布《さいふ》が落《お》ちている」なんてこと、ありませんでしたか? もちろん、良《よ》い子《こ》は交番《こうばん》に届《とど》けますよね。ところが、そ知《し》らぬ顔《かお》で自分《じぶん》のものにしてしまう悪人《あくにん》がいるのです。そのようなことを「ねこばばをする」と言《い》うのです。ねこは、ふん（ばば）をしたあと、うしろ足《あし》で砂《すな》をかけてかくし、何《なに》もなかったようにそ知《し》らぬ顔《かお》してどこかへ行《い》っちゃいます。そんなねこのようすが語源《ごげん》。ねこの習性《しゅうせい》（性格《せいかく》）から生《う》まれた言葉《ことば》も多《おお》いのです。

あ
十円《えん》
永沢《ながさわ》くん 先生《せんせい》に わたさなきゃ ダメだよ
十円《えん》くらい いいだろ
とったら ねこばばだよ
わかったよっ
ちぇっ
あっ 百円《えん》!!
とったら ねこばば だからな
まるちゃん…

TOILET

ねこをかぶる

猫をかぶる

意味《いみ》

本当《ほんとう》の性質《せいしつ》をかくしておとなしくすること。

語源《ごげん》

ねこは犬《いぬ》と違《ちが》って、人《ひと》になつくようでなつかなく、ちょっとつかみどころのない動物《どうぶつ》ですね。なかなか、その本当《ほんとう》の性格《せいかく》もつかみづらいものです。そんなねこの性格《せいかく》から、本当《ほんとう》の性格《せいかく》をかくすため、表面《ひょうめん》はねこのようにおとなしくしていることを「ねこをかぶる」と言《い》います。

使い方《つかいかた》

いつもは大《おお》きな声《こえ》で笑《わら》ったりおしゃべりするひろみちゃんだが、大好《だいす》きなヒデキくんの前《まえ》では**ねこをかぶ**って、とてもおしとやかだ。

ねこかぶり

城ケ崎《じょうがさき》さんは生意気《なまいき》よ
なによっ
さくらさんも花輪《はなわ》クンと話《はな》しすぎよ
いいじゃんそのくらい！
ほなみさんも花輪《はなわ》クンちに…
大《おお》きな声《こえ》でどうしたんだい？
あっ花輪《はなわ》クン
私《わたし》たち仲良《なかよ》しグループで
今《いま》さらねこをかぶっても遅《おそ》い…

ねこもしゃくしもねこ？

むかしから、ねこは人間《にんげん》のもっとも身近《みぢか》にいる動物《どうぶつ》ですね。もちろん「ねこ」にも語源《ごげん》があるようです。

①「ネーネー」と鳴《な》く声《こえ》に「こ」をつけたもの。

②よく寝《ね》るので「寝《ね》る子《こ》」→「寝子《ねこ》」。

③「寝《ね》る」を「好《この》む」で、「ねこ」。

④古《ふる》い名前《なまえ》「寝高麗《ねこま》」を略《りゃく》したもの。

などなど、多《おお》くの説《せつ》が残《のこ》っています。

★ねこに関《かん》する言葉《ことば》もたくさんあります。

ねこなで声《ごえ》…人《ひと》のきげんをとるために出《だ》す、やさしい声《こえ》。

ねこのひたい…土地《とち》などとてもせまいところのたとえ。

ねこ舌《じた》…ねこのように、熱《あつ》い食《た》べ物《もの》が苦手《にがて》なこと。

ねこ背《ぜ》…ねこのように背中《せなか》が丸《まる》くなっているようす。

ねこもしゃくしも…だれもかれも、という意味《いみ》。

男子《だんし》のあいだでまんがのカードを集《あつ》めるのがはやっている
みーんな集《あつ》めてるよ
本当《ほんとう》！ねこもしゃくしもだね
花輪《はなわ》クンはああいうのに興味《きょうみ》はないの？
僕《ぼく》は十七世紀《せいき》のタロットカードを集《あつ》めてるんだけどオークションでもなかなか出《で》なくてね
あぁ…
あんたはいつだって例外《れいがい》だよ

おじいちゃんもまる子も

ねずみざん

ねずみ算

ねずみさん

意味《いみ》 **数《かず》がどんどんふえていくこと。**

語源《ごげん》 ねずみという動物《どうぶつ》は、次《つぎ》から次《つぎ》へと子供《こども》を産《う》んで、ふえていきます。そんなふうに爆発的《ばくはつてき》にふえるねずみの数《かず》を求《もと》める計算法《けいさんほう》を「ねずみ算《ざん》」と言《い》うのです。

ねずみ算式《ざんしき》にふえる、のように使《つか》います。

使《つか》い方《かた》 町《まち》から出《で》るゴミは、**ねずみ算式《ざんしき》**にふえていき、とても困《こま》ります。

読《よ》んで語覧《ごらん》 仏教《ぶっきょう》が日本《にほん》に伝《つた》わった時《とき》に、仏《ぶっ》教《きょう》の経典《きょうてん》（仏《ほとけ》の教《おし》えやきまりを書《か》いたもの）を、ねずみがかじって害《がい》を及《およ》ぼさないよう、ねこも同時《どうじ》に伝《つた》えられたという説《せつ》があります。これってホント?

はつかねずみ飼《か》ったんだブー
わ〜かわいい
わー
赤《あか》ちゃんできたらちょうだい
いいブー
赤《あか》ちゃんうまれたぞ
本当《ほんとう》!? 今《いま》いそがしいから来月《らいげつ》もらいに行《い》くね
早《はや》く来《こ》いよ
一か月後《げつご》
だから早《はや》く来《こ》いって言《い》ったんだブー
うじゃうじゃ

めじろおし

目白押し

意味《いみ》

大勢《おおぜい》の人《ひと》が集《あつ》まって込《こ》み合《あ》うこと。または、いろいろなできごとが次々《つぎつぎ》あること。

語源《ごげん》

目《め》のまわりが白《しろ》いことから目白《めじろ》と呼《よ》ばれている鳥《とり》がいます。ところで、その目白《めじろ》の習性《しゅうせい》がおもしろいのです。みんな枝《えだ》に押《お》し合《あ》うように止《と》まるという習性《しゅうせい》があるのです。それが語源《ごげん》。

使《つか》い方《かた》

今日《きょう》も宿題《しゅくだい》。明日《あす》も宿題《しゅくだい》。これが宿題《しゅくだい》の**目白押《めじろお》し**。

読《よ》んで語覧《ごらん》

東京《とうきょう》には目白《めじろ》と目黒《めぐろ》という地名《ちめい》があり、駅名《えきめい》にもなっています。でも両方《りょうほう》とも鳥《とり》の名前《なまえ》ではありません。江戸《えど》時代《じだい》に町《まち》を守《まも》ったお不《ふ》動《どう》さまにちなんだ地名《ちめい》です。

ククク…
お笑《わら》い番組《ばんぐみ》
目白押《めじろお》し

見《み》て！目白《めじろ》がいっぱい
かわいいね〜
ようさくら
ブー太郎《たろう》
ブー太郎《たろう》の家族《かぞく》ってそっくりだよね
目白《めじろ》みたいだったね
さくら！ほなみ！
はまじんちも…
永沢《ながさわ》くんちも…
なぜかそっくり家族《かぞく》が目白押《めじろお》しの一日《にち》であった

第《だい》五章《しょう》

カタカナ語《ご》って、どこから来《き》たの？

アリバイ

意味《いみ》 **事件《じけん》や犯罪《はんざい》が起《お》こった時間《じかん》にその場所《ばしょ》にいなかったという証明《しょうめい》。**

語源《ごげん》 英語《えいご》のアリバイ（alibi）から。探《たん》偵小説《ていしょうせつ》などを読《よ》むとよく出《で》てきますね。「犯行《はんこう》は午後《ごご》三時《じ》、公園《こうえん》で。だが、その時間《じかん》、お前《まえ》はどこにいたのか、まったくアリバイがないぞ！」なんて、名探偵《めいたんてい》のせりふ。つまり、午後《ごご》三時《じ》に公園《こうえん》以外《いがい》の場所《ばしょ》にいたことがわかれば（だれかといっしょだったとか）、その人《ひと》には「アリバイがある」ってことになり、犯人《はんにん》ではなくなります。

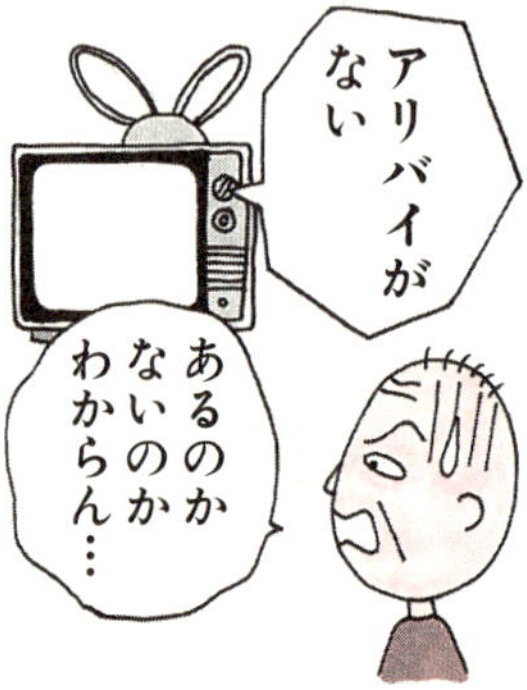

アリバイがない
あるのかないのかわからん…

コロッケが足《た》りない
小杉《こすぎ》のしわざだね!?
違《ちが》うよ！僕《ぼく》はずっと自分《じぶん》の席《せき》にいたよ！
アリバイは!?
あるよ 僕《ぼく》がずっと隣《となり》にいたよ
じゃあどうして…
ククククッ
さくらさんが自分《じぶん》のぶん二皿《さら》も取《と》り分《わ》けてるのに…

オーケー

意味《いみ》 **よろしいとか、わかった、大丈夫《だいじょうぶ》などの気持《きも》ちを表《あらわ》す言葉《ことば》。**

語源《ごげん》 アメリカの第《だい》七代《だい》大統領《だいとうりょう》・ジャクソンが「よろしい」という意味《いみ》の言《こと》葉《ば》[all correct]を[oll korrect]とまちがえて書《か》いてしまったことから、その頭《あたま》の文字《もじ》をとって[OK《オーケー》]になったという説《せつ》があります。オッケーとも言《い》ったりしますね。

花輪《はなわ》くんお願《ねが》い
オーケー
オーケーって言《い》うの外国人《がいこくじん》みたいでかっこいいな
ではこの問題《もんだい》を浜崎《はまざき》くんできますか？
オーケー!!
おーーっ
はまじあんなむずかしいのできるのか ブー
えっ
あ…う…
もう答《こた》えなくてオーケーです
……
3/5×2.7=

これはケー・オー
BOXING

カラオケ

意味《いみ》

歌《うた》を歌《うた》うため、テープなどに伴奏《ばんそう》の音楽《おんがく》だけ、録音《ろくおん》されているもの。または、マイクを使《つか》ってそれで歌《うた》うこと。

語源《ごげん》

カラオケのお店《みせ》に行《い》ったことがありますか？　好《す》きな歌《うた》を思《おも》いっきり歌《うた》うとスカッとしますよね。もともと「カラオケ」は、オーケストラの伴奏《ばんそう》だけが入《はい》った（歌声《うたごえ》の入《はい》ってない）テープのことで、「空《から》のオーケストラ」というのが語源《ごげん》です。とくに今《いま》ではその音楽《おんがく》で歌《うた》える店《みせ》（カラオケボックス）のことも指《さ》すようになりました。

ヒロシ熱唱《ねっしょう》

カラオケは空《から》のオーケストラか……
花輪《はなわ》くんちはフルオーケストラで歌《うた》うんだろうな
そこまでじゃないよ
でも僕《ぼく》のヴァイオリンに合《あ》わせてよく歌《うた》うよ
へー
おじいちゃんもたまには生演奏《なまえんそう》で歌《うた》いたいだろうな
よろこんで演奏《えんそう》するよ
ふっ
わしの歌《うた》に伴奏《ばんそう》つけてくれるそうで……
老人会
カラオケ大会
……
激《はげ》しく後悔《こうかい》する花輪《はなわ》くんであった――…

夏休《なつやす》み――
今日《きょう》はプール登校《とうこう》でしょ？
疲《つか》れるから行《い》かない
サボっちゃいけません
一日《にち》ぐらい平気《へいき》だよ
おじいちゃん遊《あそ》ぼう
まったく……
何《なに》しよっか
暑《あつ》いから水遊《みずあそ》びはどうじゃ？
サボらないで行《い》ったほうがよかったんじゃないの？
ぜいぜい
チョロチョロ
しゃっ
しゃっ

サボる

意味《いみ》 **やらなくてはならないことを、そのままにしておくこと。なまけること。**

語源《ごげん》 サボというのは、フランス語《ご》の「サボタージュ（働《はたら》く人《ひと》たちがわざと仕事《しごと》をおくらせて、やとい主《ぬし》と争《あらそ》うやり方《かた》のこと）」から作《つく》られた言葉《ことば》。もともとは労働者《ろうどうしゃ》がはいていた「サボ」という木靴《きぐつ》でわざと機械《きかい》をけとばして破壊《はかい》し、仕事《しごと》をおくらせていたのです。木《き》靴《ぐつ》をはく習慣《しゅうかん》のないわたしたちは、サボれない？

セピア

意味《いみ》

黒色《こくしょく》をおびた茶色《ちゃいろ》のこと（またはその色《いろ》の絵《え》の具《ぐ》）。

語源《ごげん》

セピアはラテン語《ご》でイカのこと。セピアの絵《え》の具《ぐ》は、実《じつ》はイカ墨《すみ》（イカの吐《は》き出《だ》すスミ）で作《つく》られた絵《え》の具《ぐ》なのです。ところで「はい、チーズ」なんて写真《しゃしん》を撮《と》ったことありますよね。いまはデジカメですが、むかしはフイルムで撮《と》るのがあたりまえ。それも白黒《しろくろ》でした。写真屋《しゃしんや》さんで現像《げんぞう》して長《なが》い時間《じかん》その写真《しゃしん》をほうっておくと、多《おお》くは暗《くら》い茶色《ちゃいろ》（セピア色《いろ》）に変色《へんしょく》してしまうのです。それで古《ふる》い思《おも》い出《で》の写真《しゃしん》はみな、セピア色《いろ》に！

セピアのほうがステキ？

本屋《ほんや》さんで……
「むかしの暮《く》らし」だって
写真集コーナー
へえ むかしのお嬢《じょう》さんステキね
セピア色《いろ》の恋人《こいびと》たちが
幸《しあわ》せだって語《かた》りかけてきてるみたい
写真《しゃしん》はセピアに変《か》わっても
なんてロマンチックなのかしら!!
夢見《ゆめみ》る たまえをフルカラーで
パシャ
一瞬《いっしゅん》で夢《ゆめ》をやぶられたたまちゃんであった

デマ

意味《いみ》 **でたらめでウソのうわさのこと。**

語源《ごげん》 「富士山《ふじさん》があさって爆発《ばくはつ》する」とか、「〇月《がつ》〇日《にち》に地震《じしん》が来《く》る」など、確実《かくじつ》な証拠《しょうこ》もないのに、ウソのうわさを流《なが》して、皆《みな》を不安《ふあん》にさせたりすることを「デマを飛《と》ばす」と言《い》います。もともとはデマゴギーというドイツ語《ご》から来《き》たもの。むかし、小学生《しょうがくせい》のあいだでおそれられていた「くち裂《さ》け女《おんな》」という百メートルを五〜六秒《びょう》で走《はし》り、鎌《かま》を持《も》って追《お》いかけてくる女《おんな》がいるという話《はなし》が日本中《にほんじゅう》で話《わ》題《だい》になりましたが、もともとはだれかのデマだったようです。

来週休《らいしゅうやす》みだって
デマに決《き》まってる！

戸川先生《とがわせんせい》明日《あす》から広島《ひろしま》ですね
えっ
先生《せんせい》が転任《てんにん》しちゃうよ——
ええ〜っ
いやだよ〜
とりやめるよう校長先生《こうちょうせんせい》にたのもうぜ
ズバリ署名《しょめい》も行《おこな》いましょう
おう！
さわがしいですね どうしたのですか？
先生《せんせい》は明日《あす》から出張《しゅっちょう》します
まる子のせいでとんだデマが流《なが》れたものである
しゅ… 出張《しゅっちょう》…

語源《ごげん》たんけんニュース 社名編《しゃめいへん》

ええ!? いろんな会社《かいしゃ》の名前《なまえ》にも語源《ごげん》があるの? みんなもよく知《し》っている会社《かいしゃ》の名前《なまえ》。実《じつ》はそれにも語源《ごげん》(なぜ、その会社名《かいしゃめい》になったか)があるんだよ! ちょっとたんけんしてみよう!

小岩井農場《こいわいのうじょう》

創業者《そうぎょうしゃ》・小野義真《おのぎしん》さん、岩崎彌之助《いわさきやのすけ》さん、井上勝《いのうえまさる》さんのそれぞれの頭文字《かしらもじ》「小」「岩」「井」を合《あ》わせたもの。

カルビー

カルシウムのカルと、ビタミンB《ビー》のビーを組《く》み合《あ》わせて。

キャノン

この会社《かいしゃ》がはじめて作《つく》ったカメラの試作機《しさくき》に、観音《かんのん》さまのお慈悲《じひ》にすがる気持《きも》ちから「カンノン(KWANON)」と命名《めいめい》。その後《ご》、イメージになじまないことから、英語《えいご》で規範《きはん》、基準《きじゅん》、聖典《せいてん》などの意味《いみ》があり、カンノンと発音《はつおん》が似《に》ている「キャノン(CANON)」に改名《かいめい》。その後《ご》、社名《しゃめい》になりました。

いすゞ自動車《じどうしゃ》

国産《こくさん》第《だい》一号《ごう》トラックの名前《なまえ》を伊勢神宮《いせじんぐう》の五十鈴川《いすずがわ》から「いすゞ」としました。それで会社《かいしゃ》の名前《なまえ》も「いすゞ」になりました。

グリコ

体《からだ》に必要《ひつよう》なエネルギー源《げん》であるグリコーゲンから。

マツモトキヨシ

薬局《やっきょく》でおなじみのマツモトキヨシ。創業者《そうぎょうしゃ》の名前《なまえ》が松本清《まつもときよし》さん。じつは松本清《まつもときよし》さんは千葉県松戸《ちばけんまつど》市《し》の市長《しちょう》さんだったのだ!「すぐやる課《か》」を作《つく》って有名《ゆうめい》になったんだって。

ブリヂストン

創業者《そうぎょうしゃ》の名前《なまえ》が石橋正二郎《いしばししょうじろう》さん。石橋《いしばし》の石《いし》は英語《えいご》でストーン。橋《はし》は英語《えいご》でブリッジ。そのブリッジとストーンを発音《はつおん》しやすいように重《かさ》ねて作《つく》った名前《なまえ》がブリヂストン。

ヤンマー

農機具《のうきぐ》などで有名《ゆうめい》なヤンマー。豊作《ほうさく》の象徴《しょうちょう》であるトンボ、その王《おう》さまであるヤンマ。そこから「ヤンマー」と命名《めいめい》されたもの。

サンリオ

スペイン語《ご》のSan《サン》 Rio《リオ》に由来《ゆらい》しています。San《サン》(きよらか)とRio《リオ》(河《かわ》)という意味《いみ》。「聖《せい》なる河《かわ》」を表《あらわ》しています。

マクドナルド

創業者《そうぎょうしゃ》がマクドナルドさん。

松竹《しょうちく》

映画《えいが》などでおなじみの会社《かいしゃ》、創業者《そうぎょうしゃ》がふたごの兄弟《きょうだい》・白井松次郎《しらいまつじろう》さん、大谷竹次郎《おおたにたけじろう》さん。それぞれの名前《なまえ》の一文字《もじ》ずつを取《と》ってつけたのが社名《しゃめい》なのです。

ドタキャン

意味《いみ》

直前《ちょくぜん》のところで、あるいは最後《さいご》のぎりぎりのところで、約束《やくそく》を取《と》り消《け》すこと。

語源《ごげん》

「ごめーん、急《きゅう》に歯《は》が痛《いた》くなって歯《は》医《い》者《しゃ》さんに行《い》くことになったの。だから今日《きょう》のクレープ屋《や》さん行《い》き、中止《ちゅうし》にしてほしいんだ」なぁーんて、直前《ちょくぜん》の中止《ちゅうし》、今《いま》までありませんでしたか？　これをドタキャンと言《い》います。この「ドタ」は「どたんば（土壇場）」のこと。最後《さいご》のぎりぎりの場面《ばめん》を意味《いみ》します。そして「キャンセル」は「キャンセル」のこと。英語《えいご》で、予約《よやく》や約束《やくそく》を取《と》り消《け》すという意味《いみ》です。つまり、「どたんばのキャンセル」を縮《ちぢ》めて「ドタキャン」となったわけです。

永沢《ながさわ》くんと遊《あそ》ぶ約束《やくそく》してるのに…
だけどドタキャンなんてしないさ
僕《ぼく》は風邪《かぜ》より永沢《ながさわ》くんとの友情《ゆうじょう》を選《えら》ぶ!!
はあはあ
ビュオオオオッ
その頃《ころ》永沢《ながさわ》くんは…
今日《きょう》は寒《さむ》いな
風邪《かぜ》ひくとイヤだから藤木《ふじき》くんとの約束《やくそく》はキャンセルしよう

まる子《こ》
わしとの約束《やくそく》はー!?

読《よ》んで語覧《ごらん》

むかし、首切《くびき》りの刑《けい》を行《おこな》うために、土《つち》を一段高《いちだんたか》くした所《ところ》を土壇場《どたんば》と言《い》いました。そこからせっぱ詰《つ》まった場面《ばめん》、ぎりぎりの場面《ばめん》を土《ど》壇場《たんば》と言《い》うようになりました。

ナイター

意味《いみ》 **夜《よる》に行《おこな》われる試合《しあい》（野球《やきゅう》など）のこと。**

語源《ごげん》 多《おお》くのプロ野球《やきゅう》の試合《しあい》は夜《よる》の時間《じかん》に行《おこな》われます。夜《よる》は英語《えいご》でナイト。そこから夜間《やかん》の試合《しあい》はナイターと呼《よ》ばれるようになったのです。でも、ナイターは日本人《にほんじん》が作《つく》った英語《えいご》（和《わ》製英語《せいえいご》）なのです。最近《さいきん》では、夜間《やかん》の照明設備《しょうめいせつび》があるところは、スキー場《じょう》やゴルフ場《じょう》でも「ナイター設備《せつび》あります」とか「ナイター営業《えいぎょう》してます」という使《つか》われ方《かた》もしていますね。

今日《きょう》お父《とう》さんとナイターに行《い》くんだ
わーいいいなー
あ…雨《あめ》…
えっ
………
ザー
ザー
これじゃナイターは中止《ちゅうし》だブー
ワーッ
ナイターで泣《な》いたー
なんちゃって…

生《なま》で見《み》るのが一番《いちばん》さ

ミーハー

意味《いみ》

流行《りゅうこう》に動《うご》かされやすく、深《ふか》い考《かんが》えもなしにすぐに飛《と》びついたりすること。またはそういう人《ひと》。

語源《ごげん》

もともとありふれた女《おんな》の子《こ》の名《な》前《まえ》、「みよちゃん、はなちゃん」から「ミーちゃんハーちゃん」→「ミーハー」となったようです。流行《りゅうこう》しているものに深《ふか》い考《かんが》えなしに、すぐに飛《と》びついたりする女《おんな》の子《こ》にむかって「ミーハーだね」なんてからかったりして言《い》う時《とき》の言葉《ことば》だったんですね。現在《げんざい》では男女《だんじょ》、どちらに対《たい》しても使《つか》われています。

駅前《えきまえ》に芸能人《げいのうじん》が来《き》てるらしいぜ
えっ
見《み》る見《み》る
行《い》こうぜっ
芸能人《げいのうじん》のだれかもわからないのに…
だれでもいいんだよ
芸能人《げいのうじん》ならな
この二人《ふたり》…かなりのミーハー…

私《わたし》はミーハーじゃないわ
みぎわ はなこ

読《よ》んで語覧《ごらん》

みよちゃん、はなちゃんがよくある名前《なまえ》だったのはむかしのこと。最近《さいきん》生《う》まれた女《おんな》の子《こ》には「さくらちゃん」、「美咲《みさき》ちゃん」が多《おお》いそうです。読《よ》み方《かた》で多《おお》いのは、実《じつ》は「ももか」ちゃんです！

第《だい》六章《しょう》

食《た》べ物《もの》の名《な》前《まえ》も、こんなところから…

シュークリーム
きんぴらごぼう
どらやき
ハヤシライス
すきやき
おせち
てんぷら
すし
カステラ
とんかつ
ババロア

語源《ごげん》レストラン
語源《ごげん》を知《し》りながらごはん食《た》べられるお店《みせ》だって
行《い》ってみよう!

わー
いろんなものがあるのねー

食《た》べ物《もの》にもいろいろな名前《なまえ》がついていますね。それらがなぜ、そのように呼《よ》ばれるようになったか、「語源《ごげん》レストラン」をたずねてみましょう。

すし

ズバリ、「酸《す》し」。むかしは食《た》べ物《もの》(魚《さかな》など)を保存《ほぞん》するため、おけの中《なか》に入《い》れ、それに米《こめ》と塩《しお》を加《くわ》えて上《うえ》からおもしを乗《の》せて、時間《じかん》をかけて発酵《はっこう》(酵素《こうそ》というものの働《はたら》きで分解《ぶんかい》)させました。酸《さん》が出《で》てすっぱさが出《で》るので「酸《す》し」と言《い》ったのが語源《ごげん》。

おっ すしだっ
えっ おすし!?
今《いま》のものと だいぶ違《ちが》うね
でも すしには かわりないんだろっ
いっただっきま〜す
ぱくっ
!……
すっ…
すっぱ〜い
酢飯《すめし》より すっぱい〜
魚《さかな》を米《こめ》と塩《しお》で発酵《はっこう》させてあるからすっぱいんだね
ズバリ すしは「酸《す》し」なのですね

えどまえ

江戸前《えどまえ》とは、江戸城《えどじょう》の前《まえ》の海《うみ》。そこでとれた魚《さかな》でにぎったものが江戸前《えどまえ》ずし。

すしづめ

すしを作《つく》る時《とき》、おもしをかけて作《つく》ったところから、ぎっしり人《ひと》や物《もの》が詰《つ》まった状態《じょうたい》を「すしづめ」と言《い》います。

江戸前《えどまえ》ずしというのもありますしにぎりずしは江戸時代《えどじだい》にできたのでしょう
ごく
ごく
おすしはもういいや…もっとフツーのが食《た》べたいよ…
ならアレはどうだ？
ジュー
ジュー
全然《ぜんぜん》フツウじゃないじゃん
何ソレ！
あちっ
あちっ
鋤《すき》の上《うえ》でお肉《にく》を焼《や》くってことは…
すきやき…
正解《せいかい》である
わっ

すきやき

農機具《のうきぐ》のひとつである鋤《すき》を火にかけて食《た》べ物《もの》を焼《や》いて食《た》べた「鋤焼《すきや》き」が語源《ごげん》。「好《す》き焼《や》き」ではありませんね。もともと日本人《にほんじん》は動物《どうぶつ》の肉《にく》をあまり食《た》べなかったのですが、肉《にく》を一般的《いっぱんてき》に食《た》べるようになったのは、江《え》戸時代《どじだい》の終《お》わりごろから明《めい》治時代《じじだい》になってからです。

すきやき
やきすぎ

むかしの人《ひと》もダジャレ好《ず》き…
クックック
すきやきの名前《なまえ》考《かん》えたのって野口《のぐち》さんの先祖《せんぞ》だったりして…
鋤《すき》の上《うえ》で焼《や》いてもどらやきはどらやき…
……
じゃあどらやきは何《なに》が語源《ごげん》なのかな？
う〜ん
もぐ
もぐ
あっ
あれかな!?
中国《ちゅうごく》の映画《えいが》とかに出《で》てくる…!!
ジャ〜ン
ああ
アレ銅鑼《どら》って言《い》うんだっけ！
形《かたち》が似《に》てるからどらやきって言《い》うんだ〜!!

どらやき

「どらやき」は小麦粉《こむぎこ》に砂《さ》糖《とう》やたまごをまぜて焼《や》いた二枚《まい》のどら形《がた》の皮《かわ》にあんこをはさんだお菓子《かし》。

「どら（銅鑼《どら》）」とは、青《せい》銅《どう》でできた、まるい円盤形《えんばんがた》の鐘《かね》。船《ふね》が出《で》る時《とき》の合図《あいず》に使《つか》ったり、楽器《がっき》として利用《りよう》したりします。

その「銅鑼《どら》」に形《かたち》が似《に》ているので「どらやき」と呼《よ》ばれるようになりました。

見《み》た目《め》が 語源《ごげん》なら これも そうさ
シュー クリーム？
シューとは フランス語《ご》で 「キャベツ」
「クリーム入《い》りの キャベツ」が 語源《ごげん》さ
言《い》われてみれば キャベツみたいな 形《かたち》だね
Chou à la Crème
でもキャベツなら もっと大《おお》きくなきゃ
そんなの小杉《こすぎ》しか 食《た》べきれないよ…
花輪《はなわ》クン ほかには外国語《がいこくご》が 由来《ゆらい》になっている ものはないの!?
えっと…
ハヤシライスは 英語《えいご》の「hash《ハッシュ》」から
hash＝細《こま》かく きざむ
テンプラは ポルトガル語《ご》の 「tempero《テンペロ》」が 語源《ごげん》だね
tempero＝調理《ちょうり》

シュークリーム

フランス語《ご》のchou à la crème（シュー・ア・ラ・クレーム）から。「シュー」はフランス語《ご》でキャベツ。クリーム入《い》りのキャベツって意味《いみ》。形《かたち》がキャベツに似《に》ていますね。

てんぷら

魚《さかな》や貝《かい》、野菜《やさい》などに、小麦粉《こむぎこ》を水《みず》でといたコロモをつけて、油《あぶら》で揚《あ》げたもの。ポルトガル語《ご》の「テンペロ（調理《ちょうり》という意味《いみ》）」が語源《ごげん》。日本《にほん》で江戸時代《えどじだい》に広《ひろ》まりました。

それに とんかつの〝カツ〟も 英語《えいご》の「cutlet《カツレツ》」からだよ
cutlet ＝ うすい肉《にく》
お待《ま》ち下《くだ》さい とんかつの〝とん〟も 古《ふる》い中国語《ちゅうごくご》です
つまり とんカツは 日本《にほん》での 中国語《ちゅうごくご》と英語《えいご》の 合体《がったい》なのです!!
ババーーンっ
ぜえ ぜえ
ちょっと 冷《ひ》やす?
とんかつで ここまで 熱《あつ》くなる 丸尾《まるお》くんって ……
ババロアも カタカナだけど 外国語《がいこくご》なのかな?
ババロアは 外国《がいこく》の地名《ちめい》だよ

ハヤシライス

小《ちい》さく切《き》った牛肉《ぎゅうにく》とたまねぎをいためてトマトとブラウンソースで煮込《にこ》んでごはんにかけた料理《りょうり》。「ハヤシライス」とは和製英語《わせいえいご》(日本人《にほんじん》が作《つく》った英語《えいご》)。早矢仕有的《はやしゆうてき》(書店《しょてん》「丸善《まるぜん》」の初代社長《しょだいしゃちょう》)さんが、考案《こうあん》したという説《せつ》もあります。

とんかつ

ぶた肉《にく》のカツレツ。「とん」は漢語《かんご》の「豚《トン》」。「カツ」は英語《えいご》のカツレツ(cutlet)。かつ丼《どん》も同《おな》じで「カツレツ」と「どんぶり」の組《く》み合《あ》わせです。

ババリア地方《ちほう》のコックが飲《の》みものを固《かた》めて作《つく》ったのが最初《さいしょ》なんだ
へ〜
じゃあ俺《おれ》が清水《しみず》の新茶《しんちゃ》に砂糖《さとう》入《い》れて凍《こお》らせたら「シミズ」って菓子《かし》になるかもな
いや…
ただのカキ氷《ごおり》だよそれじゃ
飲むように食えるぜ
ほかにはカステラもむかしあった「カステラ王国《おうこく》」から来《き》てるんだよ
カステラ王国《おうこく》…
ぽわ〜んっ
カステラでできてる国《くに》じゃないからね…

ババロア

洋菓子《ようがし》。たまご、砂糖《さとう》、牛乳《ぎゅうにゅう》にゼラチンを加《くわ》えて冷《ひ》やしたもの。ドイツ南部《なんぶ》のババリア地方《ちほう》のお菓子《かし》。そのババリアが語源《ごげん》。

カステラ

おいしいカステラは室町《むろまち》末期《まっき》ごろに伝《つた》えられました。ポルトガル語《ご》の pão de Castella（キャスティーリア地方《ちほう》のパンの意味《いみ》）から。カステラは、現在《げんざい》のスペインの領土《りょうど》とほぼ同様《どうよう》の地域《ちいき》を支配《しはい》した国《くに》の名前《なまえ》。

食《た》べ物《もの》の名前《なまえ》も、こんなところから…

ズバリ！
今《いま》ある国名《こくめい》がそのまま語源《ごげん》となっているものもあるでしょう！
丸尾《まるお》くん…
それはズバリカボチャ
日本《にほん》にはカンボジアの野菜《やさい》として伝《つた》わり
またたおれるよ…
カンボジアが短《みじか》くなってカボチャとなったのです
カンボジア
カボチャ
ハァ
ハァ
カボチャでも熱《あつ》くなる丸尾《まるお》くん…
カボチャ食《た》べて栄養《えいよう》つけたら…？

かぼちゃ

うり科《か》の一年草《ねんそう》。皮《かわ》は固《かた》く、実《み》は煮《に》たり、てんぷらにしたり、ケーキの材料《ざいりょう》にも。パンプキンパイはかぼちゃ（パンプキン）のパイのこと。

ポルトガル人《じん》がカンボジアから伝《つた》えたので「かんぼじあ→かぼちゃ」となりました。

かぼちゃを「南瓜」と書《か》くのは南蛮渡来《なんばんとらい》の瓜《うり》ということから来《き》ています。

また別名《べつめい》「南京《なんきん》」と言《い》いますが、これは中国《ちゅうごく》から伝《つた》わって来《き》たもの、という意《い》味《み》です。

もぐもぐ…
地名《ちめい》が語源《ごげん》になるなら人名《じんめい》もありそう！
たくさんあるよ 架空《かくう》の人物《じんぶつ》が語源《ごげん》になってるものもあるんだ
たとえば金平《きんぴら》ごぼう 金平《きんぴら》は浄瑠璃《じょうるり》の中《なか》の勇《いさ》ましい人物《じんぶつ》なんだ
辛《から》く料理《りょうり》した固《かた》いごぼうを強《つよ》い金平《きんぴら》にたとえたんだね
へー
そういうのなら私《わたし》も考《かんが》えられそう
やたら大盛《おおも》りな「小杉丼《こすぎどん》」すぐにこぼれる「さくらライス」
なーんて…
……

きんぴらごぼう

ごぼうを細《ほそ》くきざみ、油《あぶら》でいため、砂糖《さとう》、しょうゆ、みりんなどで味《あじ》つけし、とうがらしで辛《から》さを加《くわ》えた食《た》べ物《もの》。

金平浄瑠璃《きんぴらじょうるり》という人形芝《にんぎょうしば》居《い》の主人公《しゅじんこう》・坂田金平《さかたのきんぴら》はとても怪力《かいりき》で、頭髪《とうはつ》を油《あぶら》で固《かた》めた人物《じんぶつ》。

ごぼうの歯《は》ごたえの力強《ちからづよ》さと、油《あぶら》でいためたツヤから、この坂田金平《さかたのきんぴら》をイメージして「きんぴらごぼう」と呼《よ》ぶようになりました。

お料理《りょうり》をしてると自然《しぜん》にわかる語源《ごげん》もあるわよ
親子丼《おやこどん》はにわとりとたまごを使《つか》うから〝親子《おやこ》〟なんじゃないかしら？
親《おや》
子《こ》
なるほどね
花輪《はなわ》クン
今度《こんど》 私《わたし》の料理《りょうり》食《た》べに来《き》てね
か…考《かんが》えておくよ…
失敗《しっぱい》はしないわよ♡
えっ
失敗《しっぱい》から生《う》まれた料理《りょうり》もあるんだよ
高野豆腐《こうやどうふ》がそう

他人《たにん》どん

おやこどん

にわとりの肉《にく》をネギなどといっしょに煮《に》て、たまごでとじたものをごはんの上《うえ》に乗《の》せたどんぶり物《もの》。にわとりとたまごは親子《おやこ》だから。にわとり肉以外《にくいがい》で作《つく》ったものを「他人《たにん》どんぶり」などとしゃれて出《だ》してるお店《みせ》もあるとか。

高野山《こうやさん》のお坊《ぼう》さんが
まちがって豆腐《とうふ》を凍《こお》らせてしまったんだ
それを試《ため》しに煮《に》てみたらとてもおいしくて
世間《せけん》に広《ひろ》まっていったんだよ
みぎわさんも失敗《しっぱい》したら別《べつ》の料理《りょうり》にアレンジするといいよ
私《わたし》は失敗《しっぱい》なんかしないわよ
みぎわさん…
アマリリスのエサ…こうやどうふの失敗作《しっぱいさく》じゃ…
でもさー語源《ごげん》が想像《そうぞう》できないものもあるよなー
「心太《ところてん》」と書《か》いてトコロテンとかね

こうやどうふ

豆腐《とうふ》を小《ちい》さく切《き》って、寒《さむ》い冬《ふゆ》の外《そと》で凍《こお》らせて乾燥《かんそう》させたもの。「凍《こお》りどうふ」とも言《い》う。

高野山《こうやさん》のお坊《ぼう》さんが偶然《ぐうぜん》にその作《つく》り方《かた》を発見《はっけん》しました。それからというもの、高野山《こうやさん》を中心《ちゅうしん》に作《つく》られるようになり、「こうやどうふ」と名《な》づけられました。今《いま》では健康食品《けんこうしょくひん》として、広《ひろ》く親《した》しまれ食《た》べられるようになりました。

東北地方《とうほくちほう》では「凍《こお》る」と書《か》いて「しみる」と言《い》うので「しみどうふ」と呼《よ》ばれます。

食《た》べ物《もの》の名前《なまえ》も、こんなところから…

それは古語《こご》がもとになってるんだよ
古語《こご》？
うんむかしの日本語《にほんご》だね
むかしは海藻《かいそう》を「ココロフト」と呼《よ》んでいて
ココロフト（心太草《こころふとくさ》）
↓
ココロテイ
↓
ココロテン
↓
トコロテン
と変《か》わっていったんだ
つまり読《よ》みまちがいってことか？
まる子《こ》の読《よ》みまちがいもいつかは正《ただ》しくなるかもね
それはどうだろう
こくご 30
ふーさすがに腹《はら》いっぱいだ
ホント！

ところてん

てんぐさという海藻《かいそう》を煮《に》てとかして固《かた》めたもの。うどんのように細《ほそ》くして、酢《す》やしょうゆをかけて食《た》べます。もともと、材料《ざいりょう》のてんぐさは「こころふと」などと呼《よ》ばれていました。それで「心太《こころふと》」と字《じ》を当《あ》てたのです。この「太」は「てい」と読《よ》まれ、そこから「こころてい」が「ところてん」というふうに変化《へんか》したのです。

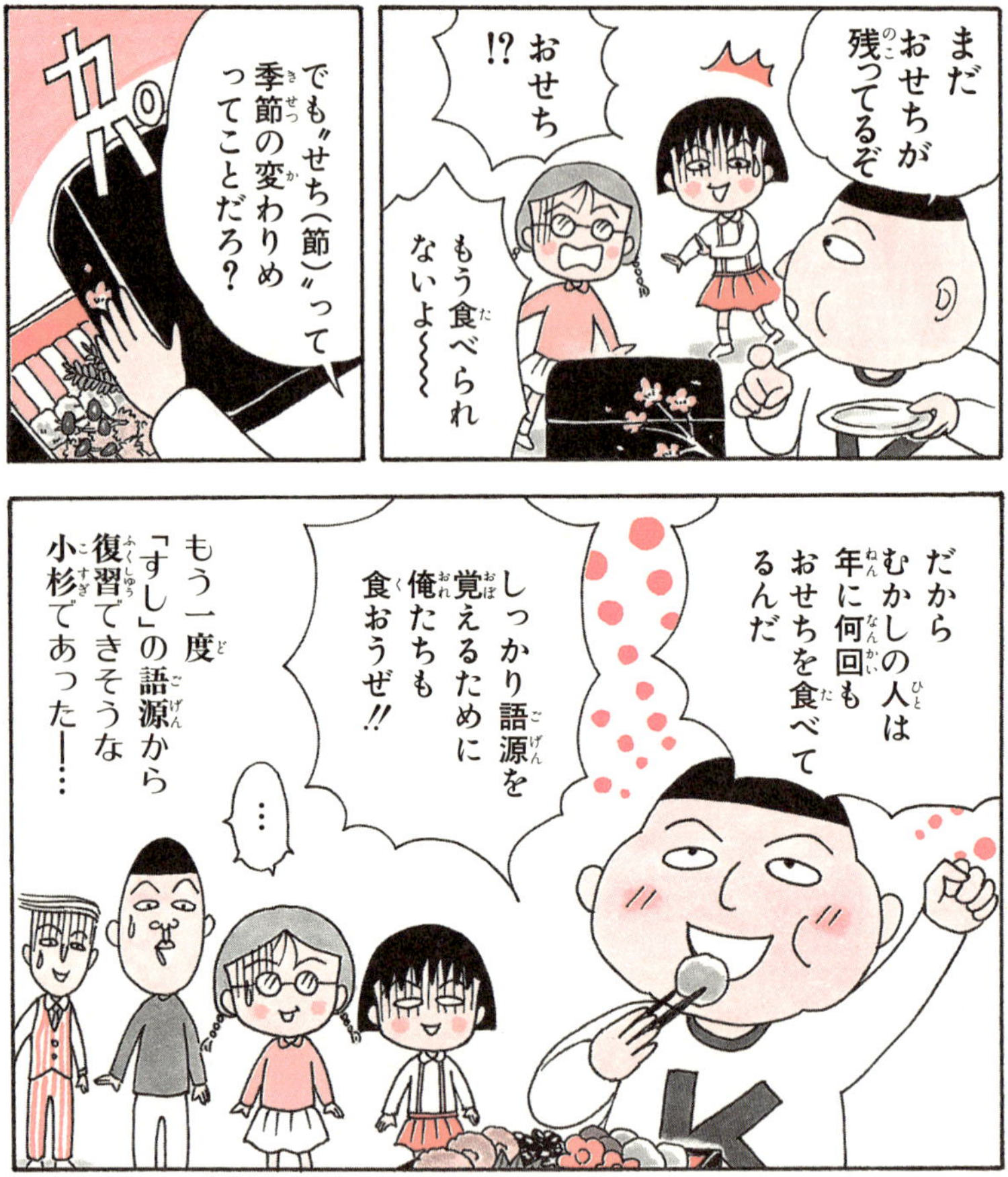
まだおせちが残《のこ》ってるぞ
おせち!?
もう食《た》べられないよ〜〜
カパ
でも〃せち(節)〃って季節《きせつ》の変《か》わりめってことだろ?
だからむかしの人《ひと》は年《ねん》に何回《なんかい》もおせちを食《た》べてるんだ
しっかり語源《ごげん》を覚《おぼ》えるために俺《おれ》たちも食《く》おうぜ!!
…
もう一度《ど》「すし」の語源《ごげん》から復習《ふくしゅう》できそうな小杉《こすぎ》であった—…

おせち

お正月《しょうがつ》に食《た》べる特別《とくべつ》な料理《りょうり》を言《い》います。おせちの「せち」は季節《きせつ》の「節《せつ》」のこと。むかしから季節《きせつ》の変《か》わりめにいろいろ料理《りょうり》を食《た》べたことから。現在《げんざい》ではとくにお正月料理《しょうがつりょうり》のことを指《さ》すようになりました。

黒豆《くろまめ》食《た》べて今年《ことし》もマメに働《はたら》くよ

第《だい》七章《しょう》 芝居《しばい》の世界《せかい》、歌舞伎《かぶき》の世界《せかい》の言葉《ことば》だった!!

幕《まく》の内《うち》弁《べん》当《とう》
大詰め
千秋楽
二《に》枚《まい》目《め》
幕切れ
とちる
十八番《おはこ》
歌舞伎《かぶき》
鳴り物入り
大根役者
のべつ幕なし

いちまいかんばん

一枚看板

意味《いみ》

グループの中《なか》でとくに誇《ほこ》ることができる中心人物《ちゅうしんじんぶつ》。あるいは、ほかにとりえがないが、たった一《ひと》つ、特別《とくべつ》に誇《ほこ》れるもの。

語源《ごげん》

上方《かみがた》（京都《きょうと》・大阪地方《おおさかちほう》）歌舞伎《かぶき》で劇場《げきじょう》の前《まえ》に置《お》いておくかざりのついた大《おお》きな看板《かんばん》を「一枚看板《いちまいかんばん》」と言《い》います。その看板《かんばん》の上《うえ》のほうには主要《しゅよう》な役者《やくしゃ》の絵《え》がかかれています。そこから、歌舞伎《かぶき》などの芝居一座《しばいいちざ》で中心《ちゅうしん》の役者《やくしゃ》を「いちまいかんばん」と言《い》います。さらに一般的《いっぱんてき》に、グループの中《なか》で、中心《ちゅうしん》になる人物《じんぶつ》をそう呼《よ》ぶようになったのです。

看板屋《かんばんや》……
看板

あんみつ食《た》べたーい
いかがですか
食《た》べようか
いらっしゃいませ
今《いま》のおねえさん美人《びじん》だったね
看板娘《かんばんむすめ》じゃね
えっ ずっと外《そと》で立《た》ってるの!?
そんなワケない

おおづめ

大詰め

意味《いみ》

演劇《えんげき》などの最後《さいご》の段階《だんかい》・場面《ばめん》。ものごとの最終場面《さいしゅうばめん》。

語源《ごげん》

江戸《えど》の歌舞伎《かぶき》の演目《えんもく》で、時代物《じだいもの》（公家《くげ》や武士《ぶし》の社会《しゃかい》で起《お》こったできごとをあつかったもの）の最後《さいご》の一幕《ひとまく》を「おおづめ」と言《い》いました。そこからものごとの最終場面《さいしゅうばめん》を「おおづめ」と言《い》うようになったのです。

使い方《つかいかた》

丸尾《まるお》くんの学級委員《がっきゅういいん》の選挙運動《せんきょうんどう》も、いよいよ**大詰《おおづ》め**。放課後《ほうかご》、クラスの全員《ぜんいん》にむかって大《おお》きな声《こえ》で「あしたの投票《とうひょう》はわたしに一票《いっぴょう》を！」と叫《さけ》んでいます。

ぎゅうぎゅう

運動会《うんどうかい》もいよいよ大詰《おおづ》め
クラス対抗《たいこう》リレーです
リレーって大詰《おおづ》めって感《かん》じするよね
みんな注目《ちゅうもく》するしね
ドキドキ
ボソボソ
笑子《えみこ》は詰《つ》めが甘《あま》い！
最後《さいご》はドカンと笑《わら》いをとらんと
……
なぜ今《いま》そんな話《はなし》を…
運動会《うんどうかい》の大詰《おおづ》めの中《なか》野口《のぐち》さんと野口《のぐち》じいさんはネタを詰《つ》めていた…

おはこ

十八番

意味《いみ》

もっとも得意《とくい》な芸《げい》。または得意《とくい》なこと。

語源《ごげん》

「十八番《じゅうはちばん》」と書《か》いて「おはこ」と読《よ》みます。江戸《えど》の歌舞伎《かぶき》で、市川家《いちかわけ》代々《だいだい》が得意《とくい》とする芸《げい》を十八種類《しゅるい》選《えら》んだのです。それを「歌舞伎十八番《かぶきじゅうはちばん》」として発表《はっぴょう》。しかもその「歌舞伎十八番《かぶきじゅうはちばん》」の台本《だいほん》は箱《はこ》に入《い》れられ、大切《たいせつ》に保管《ほかん》されていたので、それを「おはこ」と言《い》うようになりました。

「箱書《はこが》き（鑑定書《かんていしょ》）」がつくほど優《すぐ》れた芸《げい》を「おはこ」と言《い》ったとの説《せつ》もあります。

使《つか》い方《かた》

カラオケに行《い》くと、姉《あね》は十八番《おはこ》であるアニメソングを何度《なんど》も歌《うた》って満《まん》足《ぞく》しています。

一番得意《いちばんとくい》なのに
十八番《ばん》…？

何作《なにつく》ってるの？
クラスの旗《はた》をたのまれたの
さすがぁお裁縫《さいほう》はお姉《ねえ》ちゃんの十八番《おはこ》だもんね
あんたの十八番《おはこ》はないの？
私《わたし》…？
私《わたし》の十八番《おはこ》って………
まる子《こ》の十八番《おはこ》はいねむりじゃ
もっとマシな十八番《おはこ》がほしいまる子《こ》であった

かぶき

歌舞伎

意味《いみ》 **江戸時代《えどじだい》に発生《はっせい》して発達《はったつ》していった、日本《にほん》にだけある演劇《えんげき》。**

語源《ごげん》 もともと「かぶく（傾く）…とても変《か》わったふるまいやハデな服装《ふくそう》をする」という言葉《ことば》が語源《ごげん》です。歌舞《かぶ》伎《き》の服装《ふくそう》はとってもハデできらびやか。また、おおげさな物言《ものい》いをするのです。

出雲《いずも》の阿国《おくに》という人《ひと》が最初《さいしょ》に創《つく》った踊《おど》りが「かぶき踊《おど》り」と言《い》われたもので、これこそが現在《げんざい》の歌舞伎《かぶき》のもとになったものです。

花輪《はなわ》クンに歌舞伎《かぶき》に招待《しょうたい》された
おぼっちゃまは少《すこ》し遅《おく》れて参《まい》ります
歌舞伎《かぶき》ってハデな衣装《いしょう》だね
本当《ほんとう》
やあベイビーズおまたせ
わっ
みんな見《み》てる
花輪《はなわ》クンの服《ふく》は歌舞伎役者《かぶきやくしゃ》よりハデだった

かぶき者《もの》

歌《か》舞《ぶ》伎《き》って何《なん》だ？

写真提供《しゃしんていきょう》：松竹株式会社《しょうちくかぶしきがいしゃ》　歌舞伎十八番《かぶきじゅうはちばん》「暫《しばらく》」

●歌舞伎《かぶき》は江戸時代《えどじだい》の初《はじ》めに生《う》まれ、今日《こんにち》までずっと発展《はってん》し生《い》きつづけてきた日《に》本固有《ほんこゆう》の演劇《えんげき》、お芝居《しばい》です。

●「かぶき」はもともと「かぶく（頭《あたま》を傾《かたむ》ける）」という言葉《ことば》で、ふつうと違《ちが》う、並外《なみはず》れた髪型《かみがた》や服装《ふくそう》、行動《こうどう》のことを言《い》いました。今《いま》から四百年《ねん》ほど前《まえ》、出雲《いずも》の巫《み》女《こ》で「阿国《おくに》」という人《ひと》が、当時《とうじ》ちまたではやっていたかぶき者《もの》の風俗《ふうぞく》を取《と》り入《い》れた、「かぶき踊《おど》り」を踊《おど》って大評判《だいひょうばん》になったのが、今《いま》の歌舞伎《かぶき》の始《はじ》まりです。

●歌舞伎《かぶき》はその後《ご》、合戦《かっせん》やお家騒動《いえそうどう》、町人《ちょうにん》の生活《せいかつ》や恋愛事件《れんあいじけん》など、さまざまな題材《だいざい》をもとに人々《ひとびと》に親《した》しまれるお芝居《しばい》となって発展《はってん》していきます。また、ハデな舞台《ぶたい》や衣装《いしょう》、独特《どくとく》な「せりふ」のしゃべり方《かた》やおおげさな身《み》ぶりなどに「かぶき」の特徴《とくちょう》がうけつがれています。太鼓《たいこ》や三味線《しゃみせん》などの音楽《おんがく》とともに舞台《ぶたい》があります。また歌舞伎《かぶき》のもう一《ひと》つの特徴《とくちょう》は、男性《だんせい》だけで演《えん》じられるということです。そのため男性《だんせい》がいかに女性《じょせい》らしさを演《えん》じるか、「女形《おんながた》」の演技《えんぎ》に工《く》夫《ふう》が凝《こ》らされているのです。

●歌舞伎《かぶき》は昭和《しょうわ》四十年《ねん》には重要無形《じゅうようむけい》文化財《ぶんかざい》になりました。

切手《きって》にも歌舞伎《かぶき》があつかわれています。

きりこうじょう 切り口上

意味《いみ》 **一語《ご》一語《ご》くぎって言《い》う、感情《かんじょう》の入《はい》っていない堅苦《かたくる》しい話《はな》し方《かた》。**

語源《ごげん》 歌舞伎《かぶき》ではその日《ひ》の演目《えんもく》が終《お》わると、一座《いちざ》の頭《かしら》が観客《かんきゃく》にむかって「まず今日《こんにち》はこれぎり」というあいさつをしました。これを「きりこうじょう」と言《い》い、その言《い》い方《かた》は一語《ご》一語《ご》はっきり言《い》う、あらたまったあいさつです。

形式《けいしき》ばったあいさつなので、そこから堅苦《かたくる》しいあらたまったあいさつを指《さ》すようになりました。

結婚式《けっこんしき》のスピーチをたのまれた友蔵《ともぞう》…
何《なに》を言《い》えばいいんじゃ〜
スピーチ
そんなの決《き》まりきったスピーチでいいんだよ
切《き》り口上《こうじょう》でのう…
RRR…
もしもし? あっ今度《こんど》結婚《けっこん》する…!
おじいさまにご迷惑《めいわく》じゃなかったかしら
大丈夫《だいじょうぶ》です切《き》り口上《こうじょう》ですませるそうです
気《き》まずいスピーチになりそうだ
!!

おやつはこれっきり

くろまく

黒幕

意味《いみ》

かげでいろいろな指図《さしず》をしたり、計画《けいかく》をしたりする人《ひと》。

語源《ごげん》

歌舞伎《かぶき》では暗闇《くらやみ》を表《あらわ》したり、場面《ばめん》を転換《てんかん》する時《とき》には、黒《くろ》い幕《まく》を使《つか》いました。その黒幕《くろまく》の奥《おく》では、大道具《おおどうぐ》・小道具《こどうぐ》など、観客《かんきゃく》に見《み》えないよう、移動《いどう》させたり、設置《せっち》したりします。

そこから暗闇《くらやみ》の奥《おく》からものごとをあやつる人《ひと》のことを「黒幕《くろまく》」と言《い》うのです。

黒幕《くろまく》というものは、いつも背後《はいご》の闇《やみ》からこっそりと…。

使《つか》い方《かた》

事件《じけん》の容疑者《ようぎしゃ》がタイホされた。しかし、まだ謎《なぞ》がたくさん残《のこ》っている。どうやら、この事件《じけん》のうらには**黒幕《くろまく》**がいるらしい。

あら！そのお菓子《かし》！持《も》っていくものだったのに！
お姉《ねえ》ちゃんがくれたんじゃよ
え？
お姉《ねえ》ちゃん！
あれ？だってまる子《こ》がお母《かあ》さんにもらったって…
黒幕《くろまく》はあんたね
ザッ

さしがね

差し金

意味《いみ》 **かげで人《ひと》を指図《さしず》して、自分《じぶん》の思《おも》うとおりにさせること。**

語源《ごげん》 人形浄瑠璃《にんぎょうじょうるり》では、人形《にんぎょう》のうでについている長《なが》い棒《ぼう》を「さしがね」と言《い》います。人形《にんぎょう》の動《うご》きをあやつるものです。歌舞伎《かぶき》では、ひらひら飛《と》ぶちょうや鳥《とり》などに針金《はりがね》の棒《ぼう》をつけてあやつります。これも「さしがね」です。いずれも観客《かんきゃく》に見《み》えないようにあやつる棒《ぼう》なのです。そこから「さしがね」とは「かげで指図《さしず》して、人《ひと》をあやつる」などといった意味《いみ》になりました。

使《つか》い方《かた》 太郎《たろう》くんはそんなひどいいたずらをするような人《ひと》じゃない。これはだれかの**さしがね**にちがいない。

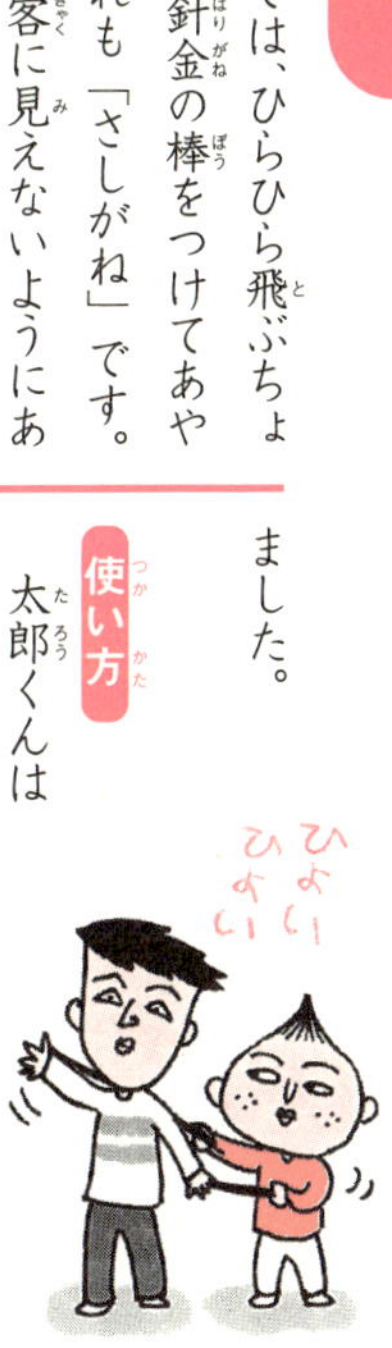
ひょい
ひょい

お母《かあ》さん 今日《きょう》のラッキーカラーはピンクじゃぞ
な…何《なん》ですか!?
ラッキーアイテムはハンバーグ
………
娘《むすめ》にお小遣《こづか》いをあげるといいそうじゃ
まる子《こ》のさしがねね
あいたた
バレバレである

すてぜりふ
捨て台詞

意味《いみ》

立《た》ち去《さ》る時《とき》に一方的《いっぽうてき》に相手《あいて》に言《い》うおどしや怒《いか》りのせりふ。

語源《ごげん》

江戸時代《えどじだい》の歌舞伎《かぶき》では、登場《とうじょう》・退場《たいじょう》シーンで台本《だいほん》にないせりふを役者《やくしゃ》が適当《てきとう》に言《い》ったりしていて、そのせりふのことを「すてぜりふ」と言《い》いました。

もともと「さようなら」や「ごゆるり」などといった単純《たんじゅん》なせりふだったのですが、現在《げんざい》では、相手《あいて》に対《たい》する怒《いか》りやおどし、負《ま》けおしみなどの言葉《ことば》を「すてぜりふ」と言《い》います。

使い方《つかいかた》

公園《こうえん》でのら犬《いぬ》にほえられて、猛《もう》スピードで逃《に》げたヒロシくん。追《お》いかけてこないのら犬《いぬ》にふりむきながら「こわかねーや！」と**すてぜりふ**を吐《は》いていた。

わーい
コラ
ゴミ箱

六年生《ねんせい》とケンカになった
丸尾末男《まるおすえお》ズバリ巻《ま》きぞえでしょう!!
大丈夫《だいじょうぶ》か
わー
わー
ひいいい
もう平気《へいき》だぞ
ちくしょー覚《おぼ》えてやがれ!!
数日後《すうじつご》
「覚《おぼ》えていろ」と言《い》った人《ひと》たちです!!
危険でしょう
すてゼリフをすてない丸尾《まるお》くんであった…

せんしゅうらく 千秋楽

意味《いみ》 **何日間《なんにちかん》か行《おこな》われていた、すもうや歌舞伎《かぶき》などの最終《さいしゅう》の日《ひ》。**

語源《ごげん》 日本古来《にほんこらい》の雅楽《ががく》という音楽演奏《おんがくえんそう》の最後《さいご》の曲《きょく》が「千秋楽《せんしゅうらく》」でした。そこから「さいご」という意味《いみ》で、「千秋《せんしゅう》楽《らく》」は現在《げんざい》では「最後《さいご》の日《ひ》」を指《さ》すようになりました。

現在《げんざい》では、すもうや演劇《えんげき》の最終日《さいしゅうび》を言《い》うのが一般的《いっぱんてき》です。それ以外《いがい》に使《つか》うことは一般的《いっぱんてき》ではありません。

使《つか》い方《かた》 秋場所《あきばしょ》最終日《さいしゅうび》の大《おお》ずもう、一敗《いっぱい》どうしの横綱《よこづな》と大関《おおぜき》の勝負《しょうぶ》が楽《たの》しみだ。**千秋楽《せんしゅうらく》**をかざるのにふさわしい勝負《しょうぶ》になるでしょう。

おすもうの千秋楽《せんしゅうらく》は十五日《じゅうごにち》め

お帰《かえ》りなさい 舞台《ぶたい》はどうでした?
とってもよかったよ
今日《きょう》が千秋楽《せんしゅうらく》だから盛《も》り上《あ》がったのう
最後《さいご》の日《ひ》って盛《も》り上《あ》がるんだ…
おう パーっとはなばなしかったぞ
へえ… うらやましいよ…
まる子《こ》の冬休《ふゆやす》みも今日《きょう》が千秋楽《せんしゅうらく》…

だいこんやくしゃ
大根役者

意味《いみ》 **芸《げい》のへたな役者《やくしゃ》のこと。**

語源《ごげん》 大根《だいこん》はよく食《た》べますか? おでんにしてもおいしいですよね。また、消化《しょうか》を助《たす》ける成分《せいぶん》がふくまれていて、食《しょく》あたりにもならないすぐれもの。つまり、あたらない! そう、大根役者《だいこんやくしゃ》はあたらない役者《やくしゃ》。つまり芸《げい》がへたで、けっして大《だい》ヒットしない役者《やくしゃ》のことを指《さ》して言《い》うのです。たんに「大根《だいこん》」とも言《い》います。こんなあだなは全然《ぜんぜん》ほしくありませんね。

使《つか》い方《かた》 歌手《かしゅ》の○○さんは歌《うた》はうまいが、俳優《はいゆう》としては**大根役者《だいこんやくしゃ》**。やっぱり、ドラマに出演《しゅつえん》するにはムリがあるよね。

今日《きょう》は胃《い》の調子《ちょうし》が悪《わる》いや
じゃあ夕《ゆう》ごはんは大根《だいこん》にしてもらうといいよ
大根《だいこん》は食《しょく》あたりしないからね
へえ
「あたらない」ことからヘタな役者《やくしゃ》を大根役者《だいこんやくしゃ》と言《い》うくらいだから
そうなんだ
うう長山《ながやま》のうそつき…
ぐるじ
あんた大根《だいこん》何本《なんぼん》食《た》べたの!?

とちる

意味《いみ》 **役者《やくしゃ》が舞台《ぶたい》などでうろたえて、せりふや演技《えんぎ》をまちがえること。ものごとをやりそこなうこと。**

語源《ごげん》 トチの実《み》で作《つく》る麺《めん》「とちめん」はすばやく延《の》ばさないとすぐ固《かた》くなってしまいます。そこで麺《めん》を作《つく》る時《とき》のあわてふためくようすを「とちる」と言《い》うようになりました。

また、麺《めん》を延《の》ばす時《とき》に使《つか》う棒《ぼう》（とちめん棒《ぼう》）をあわててせわしく動《うご》かすので、あわて者《もの》の意味《いみ》の「とちめんぼう」という言葉《ことば》ができました。

使《つか》い方《かた》 卒業生《そつぎょうせい》を送《おく》る会《かい》で私《わたし》たちは劇《げき》をしました。みのりちゃんはせりふを**とちって**、あわてていたけど、そのあわてぶりが卒業生《そつぎょうせい》に大《おお》うけで、かえって劇《げき》は大成功《だいせいこう》しました。

配役《はいやく》をとちってる

俳優《はいゆう》さんてよくセリフをとちらないなー
ペラペラ
本当《ほんとう》ね
こんな長《なが》いセリフ
カリカリ
あ まる子《こ》そこまちがってるよ
あんたまさか九九《くく》ができないの?
できるよ 7×1=7 7×2=14
7×3=18
………
…とちったかな…?
とちったんじゃなくて覚《おぼ》えてないんでしょ…

語源《ごげん》たんけんニュース

人名編《じんめいへん》

みんなもよく知《し》っている言葉《ことば》や呼《よ》び名《な》も実《じつ》は人《ひと》の名前《なまえ》が語源《ごげん》というのがあるのです。知《し》っていたかな？

片手《かたて》ですむのは助《たす》かるね
まんが
ん？おにぎりもそうできるね！
アイスも
チョコもできるね
勉強《べんきょう》しながらだといいんだけどね
……

サンドイッチ

イギリスの**サンドイッチ伯爵《はくしゃく》**が、カード遊《あそ》びに熱中《ねっちゅう》し、遊《あそ》びながらでも食《た》べられるようにと、パンにいろんなものをはさんで食《た》べ始《はじ》めたことから、その名前《なまえ》がつきました。

エッフェル塔《とう》

パリのセーヌ川沿《がわぞ》いにある鉄骨《てっこつ》の塔《とう》。**エッフェルという技師《ぎし》**がパリ万国博覧会《ばんこくはくらんかい》のシンボルとして建《た》てました。

たくあん

大根《だいこん》の漬物《つけもの》です。これをはじめて作《つく》ったのが**江戸時代《えどじだい》の沢庵和尚《たくあんおしょう》**と言《い》われてます。

ジンギスカン料理《りょうり》

羊《ひつじ》の肉《にく》や野菜《やさい》をかぶとのように真中《まんなか》がふくらんだ鉄製《てつせい》の鍋《なべ》で焼《や》いて食《た》べる料理《りょうり》。モンゴル帝国《ていこく》の**チンギス・ハーンという皇帝《こうてい》**が食《た》べたというところから。

ノーベル賞《しょう》

一八六七年《ねん》、ダイナマイトを発明《はつめい》したスウェーデンの化学者《かがくしゃ》・ノーベルの名前《なまえ》から。

じゅるっ

八百長《やおちょう》

最初《さいしょ》から勝《か》ち負《ま》けを決《き》めたいかさま勝負《しょうぶ》のこと。明治時代《めいじじだい》、**八百屋《やおや》の長兵衛《ちょうべえ》（八百長《やおちょう》）**が碁《ご》の勝負《しょうぶ》でわざと負《ま》けたりしてうまく勝敗《しょうはい》を調整《ちょうせい》していたところからこの名前《なまえ》がつきました。

負《ま》けると泣《な》くからね…

いんげん豆《まめ》

江戸時代《えどじだい》に中国《ちゅうごく》（当時《とうじ》、明《みん》と呼《よ》ばれていた）から日本《にほん》にやってきた**隠元《いんげん》というお坊《ぼう》さま**がもたらした豆《まめ》のこと。おかげで今《いま》も美味《おい》しく食《た》べられます。

市松模様《いちまつもよう》

色違《いろちが》いの四角形《しかくけい》をたがい違《ちが》いに並《なら》べた碁盤《ごばん》の目《め》のような模様《もよう》のこと。これは江戸時代《えどじだい》の**歌《か》舞伎役者《ぶきやくしゃ》・佐野川市松《さのがわいちまつ》**という人《ひと》が身《み》につけていた衣装《いしょう》の模様《もよう》からこの名前《なまえ》ができました。

どんでんがえし

どんでん返し

意味《いみ》

物語《ものがたり》のストーリーやものごとの情勢《じょうせい》が一気《いっき》に正反対《せいはんたい》になること。

語源《ごげん》

歌舞伎《かぶき》で、大道具《おおどうぐ》や舞台《ぶたい》の装置《そうち》を一気《いっき》に九十度《ど》たおして場面《ばめん》を転換《てんかん》させること、あるいはそのしかけを「どんでんがえし」と呼《よ》んでいます。

そこから小説《しょうせつ》などのストーリーが思《おも》ってもみなかった方向《ほうこう》にすすむことを「どんでんがえし」と言《い》うようになりました。

使い方《つかいかた》

昨日《きのう》見《み》た推理《すいり》テレビドラマの**どんでん返《がえ》し**の結末《けつまつ》に、体《からだ》がふるえてしまった。

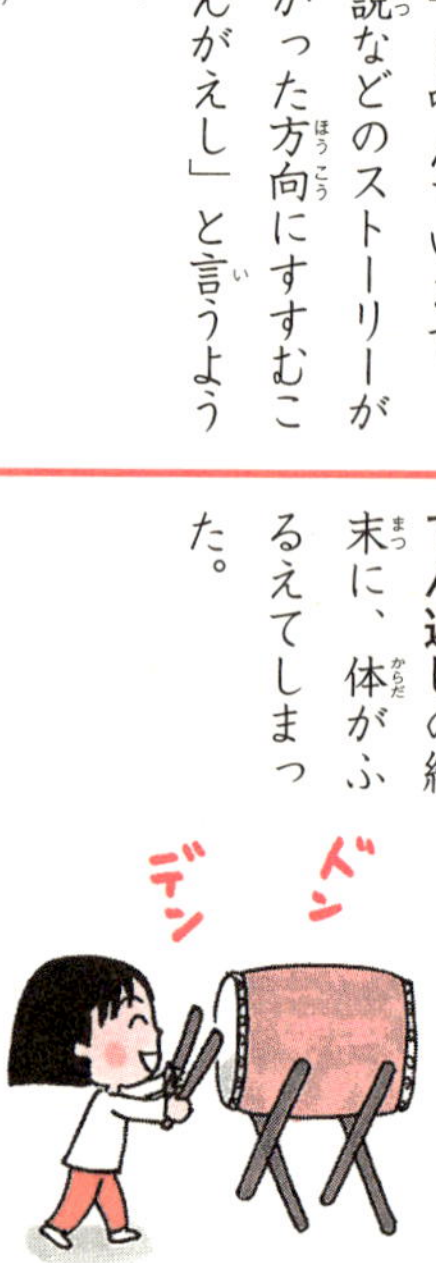

デン
ドン

かりもの競走《きょうそう》
これは胃腸《いちょう》の弱《よわ》い山根《やまね》がビリだね
よーいドン
だっ
えっ校長《こうちょう》のメガネ⁉
毛糸《けいと》のパンツぅ⁉
胃腸薬《いちょうやく》‼
どこだ
かりられるかよ
わーい
予想《よそう》もできぬどんでん返《がえ》しであった
山根《やまね》が一位《い》⁉

なりものいり

鳴り物入り

意味《いみ》 ハデで、**大《おお》げさにさわぎたて、宣《せん》伝《でん》すること。**

語源《ごげん》 音《おと》が鳴《な》るものと言《い》えば、鉦《かね》や太鼓《たいこ》です。舞台《ぶたい》にこのような楽器《がっき》が入《はい》ると、とてもハデでにぎやかになります。これらが鳴《な》り物《もの》。

歌舞伎《かぶき》や上方落語《かみがたらくご》でも、こういう鳴《な》り物《もの》で盛《も》り上《あ》げています。まさに鳴《な》り物《もの》でにぎやかに盛《も》り上《あ》がるところから「なりものいり」の言葉《ことば》が生《う》まれたのです。

使《つか》い方《かた》 高校野球大会《こうこうやきゅうたいかい》で優勝《ゆうしょう》したチームのピッチャーは、もう、**鳴《な》り物入《ものい》り**でプロデビュー。最初《さいしょ》の試合《しあい》で十個《こ》も三振《さんしん》をうばったからすごい!

リンリン
ジャラジャラ

今日《きょう》から新《あたら》しい家庭教師《かていきょうし》が来《く》るのさ
へー
ソルボンヌ大学《だいがく》卒業《そつぎょう》
趣味《しゅみ》はテニス
チェスの相手《あいて》もしてくれるそうだよ
すごい鳴《な》り物《もの》入《い》りだねえ
どーもー家庭教師《かていきょうし》でーす
鳴《な》り物《もの》が鳴《な》りやんだ気《き》がした花輪《はなわ》クンであった…

にまいめ さんまいめ
二枚目 三枚目

意味《いみ》

「二枚目《にまいめ》」は美男子《びだんし》、男前《おとこまえ》のこと。「三枚目《さんまいめ》」は人《ひと》の笑《わら》いをさそうおかしみのある人《ひと》。

語源《ごげん》

江戸時代《えどじだい》、歌舞伎《かぶき》の劇場前《げきじょうまえ》に看板《かんばん》がかかげられていて、一枚《まい》めの看板《かんばん》にはその芝居小屋《しばいごや》の主役《しゅやく》（あるいは座長《ざちょう》）、二枚《まい》めの看板《かんばん》には若《わか》い美男子《びだんし》役《やく》、三枚《まい》めの看板《かんばん》にはこっけいな役《やく》の役者《やくしゃ》の絵《え》と名前《なまえ》がかかれていました。

そこから「二枚目《にまいめ》」は美男子《びだんし》、「三枚目《さん》」はずっこけ気味《ぎみ》の人《ひと》を指《さ》すようになったのです。

使い方《つかいかた》

こんどの転校生《てんこうせい》はなかなかの**二枚目《にまいめ》**で、クラスの女子《じょし》はざわついている。でも、いつも**三枚目《さんまいめ》**の太郎《たろう》くんは何《なん》だかおもしろくなさそうだ。

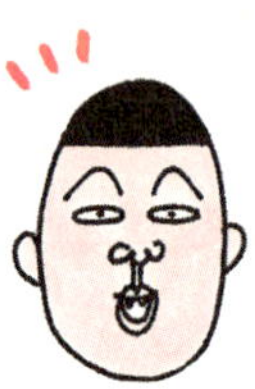

三枚目《さんまいめ》

うちの組《くみ》の二枚目《まいめ》ってだれかな？
そりゃ大野《おおの》だろ
花輪《はなわ》クンもいるぜ
杉山《すぎやま》だってそうだろ
大野だよ
花輪クンだって…
杉山は
あそこの男子《だんし》みんな三枚目《まいめ》だね

読んで語覧《ごらん》

二枚目《にまいめ》と三枚目《さんまいめ》の中間《ちゅうかん》の人《ひと》を、何《なん》と言《い》うか知《し》っていますか？

実《じつ》は「二枚目半《にまいめはん》」って言《い》うのです。これは三枚目《さんまいめ》の味《あじ》を出《だ》すことができる美男《びなん》の俳優《はいゆう》を指《さ》して言《い》う言葉《ことば》なのです。

のべつまくなし

のべつ幕なし

意味《いみ》 **少《すこ》しもやすむことなく、つづけるようす。ひっきりなし。**

語源《ごげん》 「のべつ」は「延《の》べつ」で、ずーっとつづけるようす。「まくなし」は「幕《まく》なし」で、芝居《しばい》をずーっと幕《まく》を引《ひ》かずに、次々《つぎつぎ》、場面《ばめん》を進行《しんこう》させることから来《き》た言葉《ことば》。

使《つか》い方《かた》 気《き》の合《あ》うヒロシくんとカズオくん。ヒロシくんは**のべつまくなし**にしゃべっているにぎやかな人《ひと》。一方《いっぽう》、カズオくんは食《た》べることが大好《だいす》きで、**のべつまくなし**に、口《くち》をもぐもぐさせて何《なに》か食《た》べている。

お母《かあ》さんのお小言《こごと》

来週《らいしゅう》学級委員《がっきゅういいん》の選挙《せんきょ》をします
はーい
おはようございます
選挙《せんきょ》では丸尾末男《まるおすえお》をお願《ねが》いします
学級委員《がっきゅういいん》には私《わたし》を
丸尾《まるお》を学級委員《がっきゅういいん》に
私《わたし》に一票《ぴょう》を…
ムニャ
ムニャ
のべつまくなしの丸尾《まるお》くんであった…

はなみち 花道

意味《いみ》

① 歌舞伎《かぶき》などの劇場《げきじょう》で、役者《やくしゃ》が舞《ぶ》台《たい》に出入《でい》りできるように客席《きゃくせき》の中《なか》につけた道《みち》。

② おすもうさんが土俵《どひょう》に出入《でい》りする道《みち》も花道《はなみち》。

③ 最後《さいご》にはなばなしく活躍《かつやく》する場《ば》面《めん》や時《とき》。

語源《ごげん》

歌舞伎舞台《かぶきぶたい》に作《つく》られた花道《はなみち》はもともと役者《やくしゃ》に花《はな》を贈《おく》るために作《つく》られたもの。今《いま》ではこの花道《はなみち》で役者《やくしゃ》がいろんな見《み》せ場《ば》を作《つく》ります。

また、すもうの土俵《どひょう》につづく花道《はなみち》は、むかし、奈良《なら》・平安時代《へいあんじだい》の「相《す》撲節会《もうせちえ》」という行事《ぎょうじ》でおすもうさんが作《つく》り物《もの》の花《はな》をつけて入場《にゅうじょう》したので、そう呼《よ》ばれています。

スケート場《じょう》
よし！今日《きょう》は僕《ぼく》が主役《しゅやく》だ！
見《み》てくれ笹山《ささやま》さん
僕《ぼく》の華麗《かれい》なスベリを!!
ここが僕《ぼく》の花道《はなみち》だ!!
笹山《ささやま》さんは花道《はなみち》を見《み》ていなかった…

ひのきぶたい

檜舞台

意味《いみ》 ①ひのき（材質《ざいしつ》がかたく、いろつやが良《よ》く、水《みず》にも強《つよ》い木《き》）で作《つく》った舞台《ぶたい》。②おおやけにうでまえの実力《じつりょく》をしめすことができる晴《は》れの場所《ばしょ》。

語源《ごげん》 大劇場《だいげきじょう》や能楽《のうがく》など一流《いちりゅう》の舞台《ぶたい》は、ひのきで作《つく》られています。ひのきの板《いた》はたいへん丈夫《じょうぶ》で、良《よ》い香《かお》りのする材質《ざいしつ》。そんな一流《いちりゅう》の立派《りっぱ》な舞台《ぶたい》を指《さ》して言《い》うので、自分《じぶん》のうでまえを見《み》せるのに最高《さいこう》の場所《ばしょ》を、結局《けっきょく》、「ひのきぶたい」と言《い》うようになりました。

使い方《つかいかた》 いつも熱心《ねっしん》にピアノのけいこをしている由美《ゆみ》ちゃん。こんどの日曜日《にちようび》に公民館《こうみんかん》で行《おこな》われるピアノの発表会《はっぴょうかい》は、まさに彼女《かのじょ》の**ひのき舞台《ぶたい》**だ。

ベニヤ!?

町内《ちょうない》のポスターにまる子《こ》の絵《え》が選《えら》ばれた
マッチ1本 火事のもと
おめでとう
すご〜い
今日《きょう》はおじいさん来《き》ているんだね
どうぞ
いや〜
ははは
おじいさんは絵《え》でひのき舞台《ぶたい》に立《た》ったことは？
小学校《しょうがっこう》の時《とき》授業中《じゅぎょうちゅう》絵《え》をかいて
ひのきのろう下《か》に立《た》たされました
友蔵《ともぞう》のせいでひのき舞台《ぶたい》で恥《はじ》をかいたまる子《こ》であった——
あはははは

まくぎれ

幕切れ

意味《いみ》 **一《ひと》つのものごとが終《お》わること。**

語源《ごげん》 芝居小屋《しばいごや》などでは、舞台装置《ぶたいそうち》として、左右《さゆう》に人《ひと》が引《ひ》っぱってあけしめする幕《まく》がありました。一幕終《ひとまくお》わるごとに幕《まく》がしめられました。そこから

ものごとの終《お》わりを「まくぎれ」と言《い》うようになったのです。この芝居《しばい》の「幕《まく》」という言葉《ことば》から、いろいろな表現《ひょうげん》が生《う》まれました。ものごとの始《はじ》まりを「幕《まく》あけ」と言《い》います。また、ものごとを終《お》わらせてしまうことを「幕引《まくひ》き」と言《い》います。「J《ジェイ》リーグはプロサッカーの幕《まく》あけだ」や「このたびのトラブルを早《はや》く幕引《まくひ》きしてしまおう」などと使《つか》います。

使《つか》い方《かた》 犯人《はんにん》が自首《じしゅ》してきたので、難事件《なんじけん》と思《おも》われたこの事件《じけん》も、あっけない**幕切《まくぎ》れ**となった。

まくのうちべんとう
幕の内弁当

意味《いみ》

ごまをかけた、たわら形《がた》のにぎりめしに、煮物《にもの》や焼《や》き物《もの》などおかずを詰《つ》め合《あ》わせたお弁当《べんとう》。

語源《ごげん》

芝居《しばい》の幕《まく》の内《うち》（幕《まく》がしまっているあいだ、つまり幕間《まくあい》）に食《た》べるお弁《べん》当《とう》のことなので「幕《まく》の内《うち》弁当《べんとう》」と呼《よ》ばれるようになりました。

もともと芝居小屋《しばいごや》で用意《ようい》してあるものですが、今《いま》では駅弁《えきべん》という形《かたち》で広《ひろ》まるようになりました。大《おお》きなターミナル駅《えき》などのお弁当《べんとう》コーナーでは、かならず「幕《まく》の内《うち》弁当《べんとう》」として、売《う》られています。

お芝居《しばい》を見《み》にきました
つづきが気《き》になるね～～
次《つぎ》の幕《まく》の前《まえ》にお弁当《べんとう》にしましょう
おいしー
二幕《まく》め
食《た》べすぎて眠《ねむ》い…
これからいいところだよ
おバカ

幕《まく》あいたよ……
ぱくぱく

めりはり

減り張り

意味《いみ》

人《ひと》の声《こえ》とかものごとの調子《ちょうし》、あるいは高《たか》い低《ひく》いや、強《つよ》さ弱《よわ》さのはっきりした変化《へんか》のこと。

語源《ごげん》

もとは邦楽《ほうがく》（むかしからの日本《にほん》の音楽《おんがく》）で言《い》われた「メリカリ（メリは低《ひく》い音《おと》、カリは高《たか》い音《おと》）」から出《で》た言葉《ことば》。それが「減《め》り張《は》り」となって、ゆるめることと張《は》ることの意味《いみ》になりました。声《こえ》の調子《ちょうし》の高《たか》い低《ひく》いや、演技《えんぎ》の強弱《きょうじゃく》を表《あらわ》すようになったのです。

人《ひと》がしゃべる言葉《ことば》の調子《ちょうし》がいつも同《おな》じだったり、舞台《ぶたい》の演技《えんぎ》が地味《じみ》であまり変化《へんか》のないのはたいくつですね。ところが、声《こえ》の調子《ちょうし》に変化《へんか》をつけたり、舞台《ぶたい》でも静《しず》かな場面《ばめん》と大《おお》さわぎの場面《ばめん》があったりすると、とてもおもしろいものになりますね。これを「めりはり」と言《い》うのです。めりはりをつけることは大切《たいせつ》です。

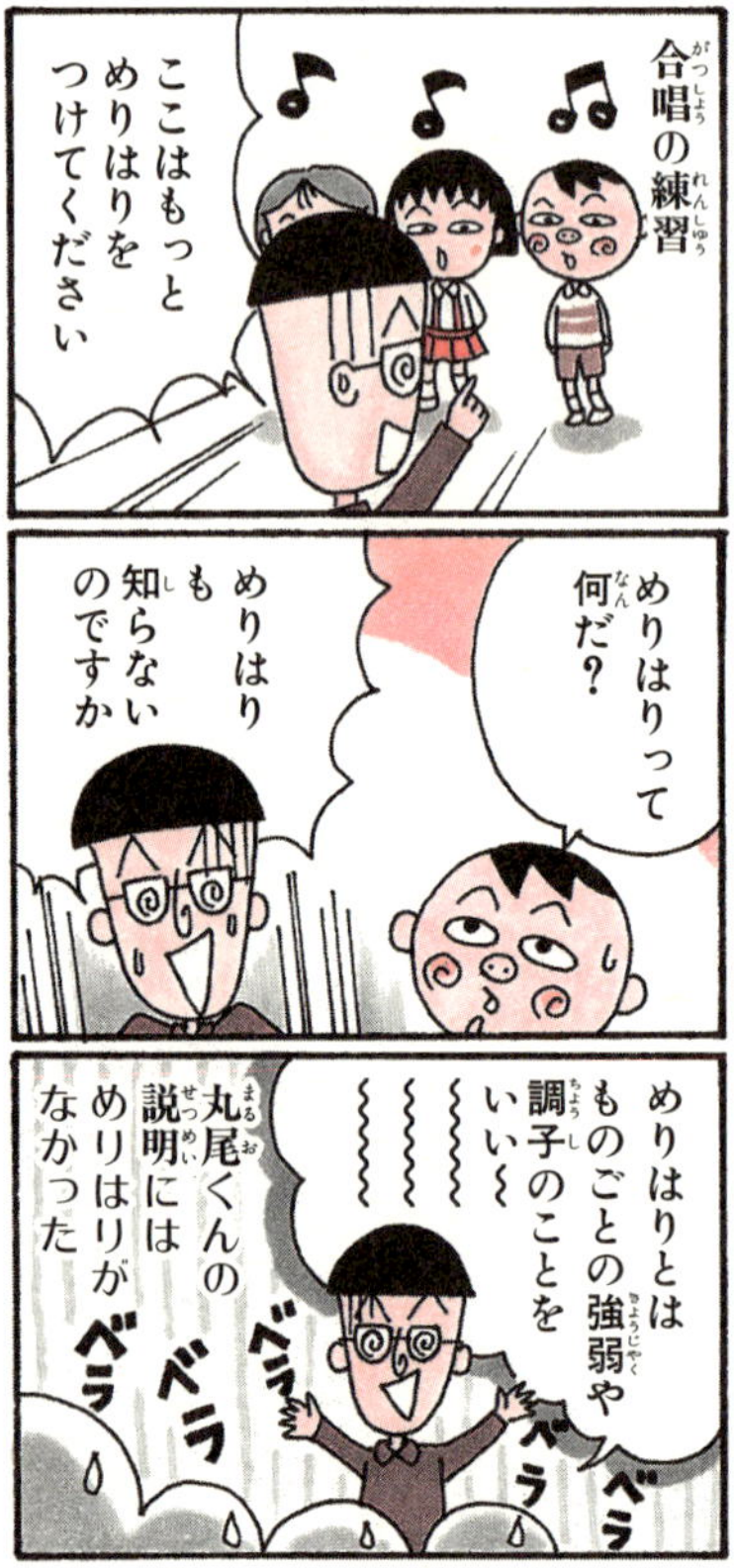
合唱《がっしょう》の練習《れんしゅう》
ここはもっと めりはりを つけてください
めりはりって 何《なん》だ?
めりはりも 知《し》らない のですか
めりはりとは ものごとの強弱《きょうじゃく》や 調子《ちょうし》のことを いい〜
ベラ ベラ ベラ ベラ ベラ
丸尾《まるお》くんの 説明《せつめい》には めりはりが なかった

使《つか》い方《かた》

田中《たなか》先生《せんせい》の授業《じゅぎょう》は内容《ないよう》といい、先《せん》生自身《せいじしん》の声《こえ》の調子《ちょうし》といい、**めりはり**がきいていて、とってもわかりやすく楽《たの》しいものです。

第《だい》八章《しょう》 言《こと》葉《ば》のルーツにむかしの人《ひと》の暮《く》らしが見《み》える

どんぶりかんじょう
書《か》き入《い》れ時《どき》
皮《かわ》切《き》り
お年《とし》玉《だま》
老《しに》舗《せ》
節《せつ》分《ぶん》
おやつ
ふろしき
二《に》足《そく》のわらじ
へっつい

あさめしまえ
朝飯前

意味《いみ》 **①朝食《ちょうしょく》の前《まえ》。②とてもかんたんにできること。**

語源《ごげん》 江戸《えど》時代《じだい》中期《ちゅうき》まで、日本人《にほんじん》の食事《しょくじ》は一日《にち》二回《かい》でしたから、朝《あさ》めし前《まえ》は本当《ほんとう》に力《ちから》が出《で》ません。

そんな腹《はら》ペコ状態《じょうたい》でも、楽《らく》にできてしまう仕事《しごと》が「朝《あさ》めし前《まえ》」の仕事《しごと》です。ここから食事《しょくじ》時間《じかん》に関係《かんけい》なくすごく楽《らく》にできてしまうことを「朝《あさ》めし前《まえ》」と言《い》うようになりました。「こんな問題《もんだい》、かんたん、かんたん。朝《あさ》めし前《まえ》だよ」と言《い》ってみたいものですね。

なお、「朝《あさ》っぱらからケンカはやめなさい」の「朝《あさ》っぱら」は、「朝腹《あさはら》」が語源《ごげん》。「朝食前《ちょうしょくまえ》の空腹《くうふく》」の意味《いみ》です。それが「朝《あさ》ごはんも食《た》べないで早《そう》朝《ちょう》から」のような意味《いみ》に変《か》わりました。

まるちゃんは朝《あさ》めし前《まえ》なことってある？
うーん
絵《え》をかくことかな
まるちゃんじょうずだもんねえ！
おーいおはよー
もぐもぐ
小杉《こすぎ》朝《あさ》ごはん食《た》べながら登校《とうこう》してんの？
いや
これ朝《あさ》めし前《まえ》
こっちが朝飯
小杉《こすぎ》の朝《あさ》めし前《まえ》は食《た》べること——…

これは夕《ゆう》めし前《まえ》

おすみつき

お墨付き

意味《いみ》 **権威《けんい》のある人《ひと》からもらった保証《ほしょう》。**

語源《ごげん》 室町時代《むろまちじだい》や江戸時代《えどじだい》には、将軍《しょうぐん》や大名《だいみょう》など力《ちから》のある者《もの》が家来《けらい》に対《たい》して領地《りょうち》を保証《ほしょう》する文書《ぶんしょ》を与《あた》えました。主君《しゅくん》が家臣《かしん》の土地《とち》を守《まも》る代《か》わりに、家来《けらい》は忠誠《ちゅうせい》を尽《つ》くすというわけです。その文書《ぶんしょ》には墨《すみ》で黒々《くろぐろ》と書《か》かれた、「花押《かおう》」と呼《よ》ばれるサインが入《はい》っています。このような書《か》きつけが「お墨《すみ》つき」です。

そこから、「お墨《すみ》つき」は「保証《ほしょう》」という意味《いみ》になりました。専門家《せんもんか》や有力者《ゆうりょくしゃ》が「これはいい」などと評価《ひょうか》をくだした物《もの》は「○○先生《せんせい》のお墨《すみ》つきをもらっています」とか「その効《き》きめはお墨《すみ》つきです」などと言《い》うようになりました。

訂正《ていせい》のお墨《すみ》つき

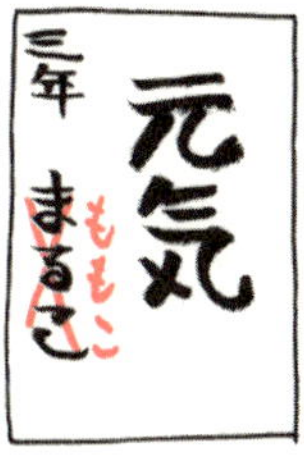
三年
元気
まる子
ももこ

算数《さんすう》の答《こた》え これでいいの かなぁ
自信《じしん》 ないなぁ
さんすう ドリル
わしが 見《み》てやろう
どれ どれ
うむ 合《あ》っとる!! わしの お墨《すみ》つきじゃ
おじいちゃんの お墨《すみ》つきなんて 当《あ》てにならないよ
おねえ ちゃーん
うう まる子…
まる子《こ》の判断《はんだん》は正《ただ》しい

おてんば

お転婆

意味《いみ》 **だれにも負《ま》けないほど、元気《げんき》で活《かっ》発《ばつ》にふるまう女《おんな》の子《こ》。**

語源《ごげん》 「すばしっこい」や「手《て》ばしこい」の「はしこい」とは、少《すこ》し荒《あら》っぽいがテキパキとすばやくするようすです。

この「手《て》ばしこい」は江戸時代《えどじだい》では「てばかしい」でした。女《おんな》の子《こ》はおとなしいもの、とされていたその時代《じだい》、テキパキとした活発《かっぱつ》な女《おんな》の子《こ》を表《あらわ》すのに、「てばかしい」の前《まえ》に愛称《あいしょう》の「お」をつけて「おてば」と言《い》い、それが変化《へんか》して「おてんば」になったようです。

オランダ語《ご》の「オテンバール（野《や》生《せい》の）」が起源《きげん》という説《せつ》もあります。

おてんばな子《こ》は人気《にんき》があるので、多《おお》くの童話《どうわ》や絵本《えほん》の主人公《しゅじんこう》は、おてんばな性格《せいかく》ですね。

おてんばさん

よっ

こんにちは
こんにちは
今《いま》の人《ひと》 むかしはとてもおてんばだったんじゃよ
えー
そうは見《み》えないねーっ
人《ひと》は成長《せいちょう》するんじゃね
わっわっ
どでーーん
まる子《こ》はおてんばではないんだけどな…
不安《ふあん》な二人《ふたり》であった

おとしだま

お年玉

意味《いみ》 **新年《しんねん》を祝《いわ》って子供《こども》に贈《おく》るお金《かね》や物《もの》。**

語源《ごげん》 室町時代《むろまちじだい》、正月《しょうがつ》の贈《おく》り物《もの》のことを、先祖《せんぞ》でもあり、農耕《のうこう》の神《かみ》さまでもある「年神《としがみ》さま」の「たまもの（贈《おく》り物《もの》）」なので、「お年《とし》たま」と言《い》うようになったとか。

また、正月《しょうがつ》に玉《たま》のような丸《まる》いもちを贈《おく》ったから「お年玉《としだま》」とか。また次《つぎ》のような説《せつ》も。正月《しょうがつ》には門松《かどまつ》を立《た》てたり、しめ縄《なわ》を張《は》ったり、鏡《かがみ》もちをそなえたりし、「年神《としがみ》さま」をむかえました。正月行事《しょうがつぎょうじ》が終《お》わると、

鏡《かがみ》もちに「年神《としがみ》さま」の「魂《たましい》」が入《はい》っていると考《かんが》え、将来《しょうらい》のある子供《こども》たちに配《くば》られました。これを「年《とし》たま」と言《い》い、敬意《けいい》の「お」をつけて「お年《とし》だま」となったそうです。鏡《かがみ》開《びら》きの日《ひ》に、お汁粉《しるこ》にくだいた鏡《かがみ》もちを入《い》れるのはそのなごりです。

毎月《まいつき》もらえるお月玉《つきだま》もほしい！

お正月《しょうがつ》 親《しん》せきの子《こ》たちが集《あつ》まった
あけましておめでとうございます
おめでとう ほら お年玉《としだま》じゃ
ありがとう
ありがとう
大勢《おおぜい》いたからだれにあげたか忘《わす》れてしまったわい
ははははは
まる子《こ》まだもらってないよ
おおスマン
まる子《こ》 友蔵《ともぞう》から二回《かい》めのお年玉《としだま》…

おやつ

お八つ

意味《いみ》 **主《おも》に昼食《ちゅうしょく》と夕食《ゆうしょく》のあいだの間食《かんしょく》。またそのための菓子《かし》や軽食《けいしょく》。**

語源《ごげん》 むかしの時刻《じこく》の呼《よ》び方《かた》で、午後《ごご》二時《じ》からの二時間《じかん》を「八《や》つ時《どき》」と言《い》いました。江戸時代《えどじだい》の中期《ちゅうき》ごろから、一日《にち》二食《しょく》から三食《しょく》となり昼《ひる》ごはんの習慣《しゅうかん》ができました。それとともに午後《ごご》三時《じ》ごろに間食《かんしょく》をとるようになりました。

これが「お八《や》つ」の始《はじ》まりです。「お」がついたのは、八《や》つ時《どき》の時刻《じこく》の太鼓《たいこ》を打《う》ったお寺《てら》さんに敬意《けいい》を表《ひょう》したためです。

最近《さいきん》はお菓子《かし》や軽食《けいしょく》を「おやつ」と言《い》ったり、仕事《しごと》や勉強《べんきょう》の手《て》を休《やす》めてそのような物《もの》を食《た》べることを「おやつ」と言《い》うことが多《おお》くなりました。午後《ごご》三時《じ》という時刻《じこく》に関係《かんけい》がない使《つか》い方《かた》が目立《めだ》っています。

これはお姉《ねえ》ちゃんのおやつ

学校《がっこう》でもおやつが出《で》ればいいのに
そうだね 出《で》てもいいよね おやつは「八《や》つ時《どき》」に出《で》るものだもんね
八《や》つ時《どき》？
江戸時代《えどじだい》には二時《じ》から四時《じ》をそう呼《よ》んでいたんだよ
へ——
八回《かい》もおやつを食《た》べたって？
………
ちゃんと話《はなし》聞《き》きなよ…

かきいれどき

書き入れ時

意味《いみ》 **商品《しょうひん》がどんどん売《う》れて、もうけが多《おお》い時期《じき》。**

語源《ごげん》 むかしの商店《しょうてん》では、仕入《しい》れた物《もの》や売《う》れた物《もの》の数《かず》や金額《きんがく》を、紙《かみ》を厚《あつ》くとじた「大福帳《だいふくちょう》」という帳面《ちょうめん》に日々《ひび》書《か》きつけていました。自分《じぶん》のお店《みせ》のいろいろな品物《しなもの》が飛《と》ぶように売《う》れる時《とき》、「大福帳《だいふくちょう》」への書《か》き入《い》れはいそがしいほどです。この書《か》き入《い》れがひんぱんになる時《とき》が「書《か》き入《い》れ時《どき》」です。

「うちのお店《みせ》は暮《く》れが書《か》き入《い》れ時《どき》です」という使《つか》い方《かた》が広《ひろ》がって、「夏《なつ》は朝《あさ》の涼《すず》しい時間《じかん》が勉強《べんきょう》の書《か》き入《い》れ時《どき》だ」のように「仕事《しごと》がはかどる」意味《いみ》にもなってきています。

先生《せんせい》の書《か》き入《い》れ時《どき》

ひえ〜

年末《ねんまつ》の商店《しょうてん》は書《か》き入《い》れ時《どき》で大《おお》いそがしね
いらっしゃい
お正月
いらっしゃい
いらっしゃい
いらっしゃい
1月 1日
お正月《しょうがつ》が来《き》て商店《しょうてん》の人《ひと》もひと息《いき》ついてるかしら?
そうね
そして三《さん》が日《にち》も過《す》ぎたころ…
1月 1日
1月 5日
まる子《こ》の書《か》き入《い》れ時《どき》が始《はじ》まる……
冬休《ふゆやす》みの宿題《しゅくだい》〜
バカね…

荒尾先生《あらおせんせい》の

言葉《ことば》のルーツにむかしの人《ひと》の暮《く》らしが見《み》える

寝《ね》る時《とき》にお父《とう》さん、お母《かあ》さんなどに「オヤスミ！」とか「おやすみなさい」と言《い》いますね。

子供《こども》が親《おや》に「おやすみなさい」って言《い》うのは、どこか変《へん》じゃないですか？

「早《はや》く食《た》べなさい」とか「あっちへ行《い》きなさい」のように、「〜（し）なさい」というのは命令文《めいれいぶん》で、

ふあ〜
寝《ね》ようっと
まる子《こ》！
あいさつは？
あ
おやすみ
なさい
寝《ね》る前《まえ》は
あいさつ
しなきゃ
ダメよ

目上《めうえ》から目下《めした》への言《い》い方《かた》です。先生《せんせい》にはこういう言《い》い方《かた》はしませんよね。

ではどうして「おやすみなさい」は、子供《こども》から親《おや》に、目下《めした》から目上《めうえ》に言《い》えるのでしょうか。これは「おやすみなさい」が命令文《めいれいぶん》ではなくて、あいさつ言葉《ことば》だからです。

江戸時代《えどじだい》の『前訓《ぜんくん》』という本《ほん》に次《つぎ》のようなことが書《か》いてあります。

「食事《しょくじ》の時《とき》と寝《ね》る時《とき》は、おじいさん、おばあさん、お父《とう》さん、お母《かあ》さんに、手《て》をついて『おあがりなさいませ』とか『おやすみなさいませ』と、あいさつをしなさい。親《おや》たちが『先《さき》に食《た》べなさい』とか『先《さき》に寝《ね》なさい』と

言《い》ったら、その時《とき》は『それではお先《さき》に食《た》べます』とか『お先《さき》に寝《ね》ます』とあいさつをして、食《た》べるなり、寝《ね》るなりしなさい。そうおっしゃらない時《とき》は、待《ま》っていなさい」

この本《ほん》によれば、今《いま》私《わたし》たちが使《つか》っている「おやすみなさい」は、寝《ね》る時《とき》に「お父《とう》さん、お母《かあ》さん、どうぞおやすみなさいませ」と言《い》っていたのが起源《きげん》のようです。そして「先《さき》に寝《ね》なさい」という返事《へんじ》を待《ま》って「それじゃ先《さき》に寝《ね》ます」とあいさつをもう一度《いちど》したんですね。ところが親《おや》の返事《へんじ》はいつも決《き》まっているのでそのやりとりを省略《しょうりゃく》して、最初《さいしょ》のあいさつ「どうぞおやすみなさいませ」が、「おやすみなさい」となり今《いま》に残《のこ》ったのです。

むかしと今《いま》とでは、生活《せいかつ》のしかたが大《おお》きく違《ちが》います。また、人間関係《にんげんかんけい》のとらえ方《かた》も変《か》わってきています。あいさつは相手《あいて》とのあいだでするものですから、むかしと今《いま》とであいさつのしかたや、その言葉《ことば》も変《か》わってくるのは当然《とうぜん》です。

さくらさん
起《お》きてください
う…ん
ムニャ
おやすみなさい
ぐー
あいさつすれば寝《ね》てもいいというものではない

また、あいさつ言葉《ことば》は「今日《こんにち》はごきげんいかがですか」が「こんにちは」になるように、くり返《かえ》し使《つか》われるうちに余分《よぶん》な部分《ぶぶん》が省《はぶ》かれることが多《おお》いのです。

とくに丁寧《ていねい》さがいらない、友《とも》だちどうしや家族《かぞく》間《かん》ではそうなりやすいです。「お早《はよ》うございます」は「おはよう」でよく、さらには「おはようございます」のとちゅうの「はようございま」をぬいてしまった「オス」とか、うしろを取《と》ってしまった「オハ」とかにもなります。

かわきり

皮切り

意味《いみ》 **ひとつづきの行動《こうどう》やできごとの一《いち》番《ばん》最初《さいしょ》。**

語源《ごげん》 お灸《きゅう》を知《し》っていますか。モグサという薬草《やくそう》を丸《まる》めて体《からだ》のツボに置《お》き、それに火《ひ》をつける東洋医学《とうよういがく》の療法《りょうほう》です。何度《なんど》もお灸《きゅう》をすえるうちに熱《あつ》さにもなれるのですが、最初《さいしょ》の灸《きゅう》は皮《かわ》が切《き》られるほど痛《いた》い。まだ、熱《あつ》さが体《からだ》になじんでないからです。

そこでものごとの最初《さいしょ》を「皮切《かわき》り」と言《い》うようになりました。

「対中国戦《たいちゅうごくせん》を皮切《かわき》りに世界大会《せかいたいかい》はスタート」というように使《つか》います。

何《なん》であれ、ものごとの最初《さいしょ》はプレッシャーがあって、その緊張感《きんちょうかん》たるや、皮《かわ》も切《き》られ冷《ひ》や汗《あせ》も出《で》る思《おも》いです。

お灸《きゅう》をしてもらうおじいちゃん
疲労回復《ひろうかいふく》にはこれが一番《いちばん》じゃ
じゃあいきますよ
く――最初《さいしょ》の灸《きゅう》は熱《あつ》いのう
皮《かわ》が切《き》られるようじゃ
おじいちゃんをいじめないで
ドン
うわ――熱《あつ》い――
ポロ

しおり

枝折り・栞

意味《いみ》

①読《よ》みかけの本《ほん》のページにはさむ目印《めじるし》。②案内《あんない》のパンフレット。

語源《ごげん》

むかしは山道《やまみち》が整備《せいび》されていないので、歩《ある》きながら木《き》の枝《えだ》を折《お》ったりして、帰《かえ》り道《みち》に迷《まよ》わないための目印《めじるし》にしました。

そのように目印《めじるし》に枝《えだ》を折《お》ることを「枝折《しお》る」と言《い》い、その道《みち》しるべを「しおり」と言《い》いました。

道《みち》しるべ、目印《めじるし》の意味《いみ》の「しおり」は、今《いま》ではとくに、本《ほん》をどこまで読《よ》んだかわかるようにする紙《かみ》やヒモなどで作《つく》った目印《めじるし》の意味《いみ》になっています。

また、「旅《たび》のしおり」のように、〝案内《あんない》〟の意味《いみ》にもなりました。

ハイキングで迷《まよ》ってしまった
この道《みち》さっき通《とお》ったんじゃねえか？
目印《めじるし》として枝《えだ》を折《お》っておこう
パキ
あっ幸《しあわ》せを呼《よ》ぶ四《よ》つ葉《ば》のクローバーしおりにしよう
おい冬田《ふゆた》！
そんなことしてねえで帰《かえ》り道《みち》探《さが》せよ!! まったく…
幸《しあわ》せにはほど遠《とお》い冬田《ふゆた》さんである

香《かお》りつきのが好《す》き

しにせ

老舗

意《い》味《み》 **先祖代々《せんぞだいだい》からの商売《しょうばい》のしかたを守《まも》って、はんじょうしている店《みせ》。**

語《ご》源《げん》 「しにせ」とは、室町時代《むろまちじだい》からの言葉《ことば》で「優《すぐ》れたものを見習《みなら》い、まねること」の意味《いみ》。江戸時代《えどじだい》には商業《しょうぎょう》が発達《はったつ》して、とくに今《いま》の意味《いみ》で使《つか》われるようになりました。

「しにせ」の「し」は「します」「しない」の「し」で「する」の活《かつ》用《よう》した語形《ごけい》。「しにせ」の「にせ」は「似《に》せる」「似《に》せもの」の「似《に》せ」。つまり、「しにせ」は「にせてすること」。

父親《ちちおや》や先代《せんだい》からの商売《しょうばい》の経《けい》営方針《えいほうしん》を、忠実《ちゅうじつ》にまねて家業《かぎょう》を守《まも》りつづけると、それにより信用《しんよう》が生《う》まれ、財産《ざいさん》もできるというわけ。そのような古《ふる》くからの信用《しんよう》のある店《みせ》を「しにせ」と言《い》います。

この和菓子《わがし》おいしい!!
老舗《しにせ》の名品《めいひん》さ
これもすっごくかわいいよ
ほんとだー
老舗《しにせ》の和菓子屋《わがしや》か…
藤木屋
伝統《でんとう》に誇《ほこ》りを持《も》っているんだろうな
老舗《しにせ》の若旦那《わかだんな》もいいな
隣《となり》には笹山《ささやま》さんがいて…
言《い》っておくけど君《きみ》は老舗《しにせ》の若旦那《わかだんな》にはなれないよ
わかっているさうちは和菓子屋《わがしや》じゃないからねちょっと夢《ゆめ》を見《み》ただけさ

しにせうなぎ
食《た》べたいねぇ

せつぶん 節分

意味《いみ》 **立春《りっしゅん》の前日《ぜんじつ》。邪気《じゃき》をはらうために豆《まめ》まきなどをする。**

語源《ごげん》 中国伝来《ちゅうごくでんらい》の季節《きせつ》の表《あらわ》し方《かた》に「二十《にじゅう》四節気《しせっき》」というのがあります。これは一年《ねん》を二十四等分《とうぶん》して「節《せつ》」とし、それぞれの始《はじ》まりに名《な》をつけたものです。たとえば、春分《しゅんぶん》、夏至《げし》、大寒《だいかん》など。その二十四のうち立春《りっしゅん》、立夏《りっか》、立秋《りっしゅう》、立冬《りっとう》の前日《ぜんじつ》は季節《きせつ》の分《わ》かれめでもあるので「節分《せつぶん》」と言《い》います。

「節分《せつぶん》」の中《なか》でとくに重要《じゅうよう》なのが立春《りっしゅん》。一年《ねん》の始《はじ》まりだからです。ですから今《いま》では「節分《せつぶん》」と言《い》えば、この立春《りっしゅん》の前日《ぜんじつ》だけを指《さ》します。豆《まめ》まきをし、鬼《おに》を追《お》いはらい、ヒイラギの枝《えだ》にイワシの頭《あたま》を刺《さ》したものを戸口《とぐち》に立《た》てたり、さまざまな行事《ぎょうじ》が行《おこな》われています。

鬼は一外
暦《こよみ》の上《うえ》では明日《あした》から春《はる》じゃね
ええっ こんなに寒《さむ》いのに!?
そうじゃよ 節分《せつぶん》は もともと 季節《きせつ》の 分《わ》かれめという イミで
立春《りっしゅん》→2月《がつ》4日《か》ごろ
立夏《りっか》→5月《がつ》6日《か》ごろ
立秋《りっしゅう》→8月《がつ》8日《か》ごろ
立冬《りっとう》→11月《がつ》8日《か》ごろ
年《ねん》に四回《かい》あるんじゃよ
むかしの人《ひと》の季節感覚《きせつかんかく》おかしいんじゃない…?
うん うん
みんな早すぎ…

どんぶりかんじょう

丼勘定

意味《いみ》 **細《こま》かな計算《けいさん》はしないで、大《おお》ざっぱな金《かね》の出《だ》し入《い》れをすること。**

語源《ごげん》 かつて大工《だいく》、植木屋《うえきや》さんなどの職《しょく》人《にん》さんは、ハンテンの下《した》に腹《はら》がけをつけました。腹《はら》がけの前面《ぜんめん》に大《おお》きなポケットのような物入《ものい》れがついていて、それを「どんぶり」と言《い》いました。うどんや親子《おやこ》どんぶりを入《い》れる深《ふか》くて大《おお》きな食器《しょっき》の「どんぶり」に形《かたち》が似《に》ているので、たとえたのでしょう。

その「どんぶり」にお金《かね》を入《い》れておいて必要《ひつよう》に応《おう》じて、出《だ》し入《い》れしたことから、大《おお》ざっぱな金《かね》の出《だ》し入《い》れを「どんぶりかんじょう」と言《い》うようになりました。「かんじょう」は金銭《きんせん》や損得《そんとく》を計算《けいさん》することです。

ちゃりん

まる子《こ》 お金《かね》 返《かえ》してよ
え？ 貸《か》りたっけ？
先月《せんげつ》三日《みっか》に 二百三十円《えん》よ
パラ
まる子《こ》の 貯金箱《ちょきんばこ》に 五百円《えん》あるから とっていってって
まったく 細《こま》かくって いやんなっちゃう ねぇ…
あんたが どんぶり かんじょう すぎるのよ!! 百円《えん》しか ないじゃ ないっ
ひっ

にそくのわらじ
二足の草鞋

意味《いみ》

ふつうは両立《りょうりつ》できないような、かけ離《はな》れた二《ふた》つの仕事《しごと》を持《も》つこと。

語源《ごげん》

江戸時代《えどじだい》には、カケごとが職業《しょくぎょう》のばくち打《う》ちはインチキをするので、よくトラブルになり、犯人《はんにん》を捕《つか》まえる仕事《しごと》をする岡引《おかっぴき》がかけつけました。しかし、ばくち打《う》ちなのに、岡《おかっ》引《びき》という者《もの》もいたのです。

このように、両立《りょうりつ》しない二種類《しゅるい》の職業《しょくぎょう》を持《も》つことを「二足《にそく》のわらじ(をはく)」と言《い》いました。「わらじ」は、足《あし》に結《むす》びつけてはくワラで編《あ》んだ、むかしのはき物《もの》で「わらじ」と職業《しょくぎょう》とが結《むす》びついているのは、歩《ある》き回《まわ》って生活費《せいかつひ》をかせぐということでしょうか。今《いま》では医者《いしゃ》で作家《さっか》などと二《ふた》つの職業《しょくぎょう》を持《も》つことを言《い》います。

語源《ごげん》たんけんニュース ゲーム編《へん》

ゲームと言《い》っても、テレビゲームじゃないよ。古《ふる》くからあるゲーム（遊《あそ》び）の言葉《ことば》が語源《ごげん》になってるものが、けっこうあるもんなんだ。

待《ま》った！
あんたそりゃダメだよ……
十回《かい》めですからね……

★みんなも知《し》ってる将棋《しょうぎ》や囲碁《いご》など、むかしからあるゲームをもとに生《う》まれた言葉《ことば》を探《さぐ》ってみよう。

将棋倒《しょうぎだお》し…将棋《しょうぎ》のコマを立《た》ててならべて、はしの一《ひと》つを倒《たお》すと、コマが次々《つぎつぎ》倒《たお》れていくところから、人《ひと》やものが順々《じゅんじゅん》に折《お》り重《かさ》なって倒《たお》れていくことを言《い》います。

高飛車《たかびしゃ》…将棋《しょうぎ》の攻撃的《こうげきてき》な戦法《せんぽう》に「高飛車《たかびしゃ》」というものがあります。そこから相手《あいて》に対《たい》して頭《あたま》からおさえつけるような態度《たいど》をとったり、意見《いけん》をおしつけることを「高《たか》飛車《びしゃ》だ」と言《い》います。

花輪《はなわ》クンにつりあうのは私《わたし》だけ

ホントに高飛車《たかびしゃ》ね

ダメ…囲碁《いご》の言葉《ことば》で、お互《たが》いの境《さかい》にあってどちらの地《じ》（領分《りょうぶん》）でもないところ。そこに石《いし》をおいても自分《じぶん》の地《じ》になりません。そこから、「ムダなこと」や「すべきでないこと」の意味《いみ》になりました。

岡目八目《おかめはちもく》…直接《ちょくせつ》そこにかかわっている人《ひと》より、そのまわりにいる関係《かんけい》のない人《ひと》の

シカト

©Nintendo

ほうが、ものごとの判断《はんだん》が良《よ》くできること。囲碁《いご》から来《き》た言葉《ことば》で、碁《ご》をそばで見《み》ている人《ひと》のほうが打《う》っている人《ひと》より八手《はって》も先《さき》の手《て》を見《み》ることができるということ。

結局《けっきょく》…囲碁《いご》や将棋《しょうぎ》の勝負《しょうぶ》を「局《きょく》」と言《い》い、その勝負《しょうぶ》が終了《しゅうりょう》することを「結局《けっきょく》」と言《い》います。そこから、ものごとのおしまい、結末《けつまつ》を意味《いみ》するようになりました。「あれこれためしたが、結《けっ》局《きょく》、うまくできなかったね」などと使《つか》います。

シカト…無視《むし》、知《し》らんぷりをすることを「シカトする」と言《い》います。これは花札《はなふだ》というゲームのカードで十点《てん》に当《あ》たる鹿《しか》の絵《え》が、プイとムシしてるように見《み》えるところから。

成金《なりきん》…将棋《しょうぎ》で相手《あいて》陣地《じんち》に入《はい》ると金《きん》と王《おう》以外《いがい》のコマは裏《うら》返《がえ》って「金《きん》」と同《おな》じ働《はたら》きができるようになる（成《な》る）のです。それを「金《きん》に成《な》る」と言《い》うところから、急《きゅう》にお金持《かねも》ちになった人《ひと》を「成金《なりきん》」と言《い》います。

僕《ぼく》も金《きん》に成《な》れるかな
歩

将棋《しょうぎ》は頭《あたま》の体《たい》そうになるよ
ふーん
歩《ふ》はひとマス進《すす》んで角《かく》は斜《なな》めに……
あ〜覚《おぼ》えられないよ〜
あたしにゃ将棋倒《しょうぎだお》しでじゅうぶんだね
あ
コツ
わ
あれっ
コツ
コツ
バラバラ
将棋倒《しょうぎだお》しも満足《まんぞく》にできないまる子《こ》って……

はなむけ

餞

意味《いみ》 **別《わか》れる人《ひと》に激励《げきれい》の気持《きも》ちを込《こ》めて贈《おく》る言葉《ことば》や品物《しなもの》、お金《かね》。**

語源《ごげん》 平安時代《へいあんじだい》には、旅《たび》の出発時《しゅっぱつじ》に安全《あんぜん》を祈《いの》って、馬《うま》の鼻先《はなさき》を旅《たび》の目的地《もくてきち》に向《む》ける習慣《しゅうかん》があり、これを「馬《うま》の鼻《はな》向《む》け」と言《い》いました。それだけ旅《たび》はたいへんだったのです。

やがて、別《わか》れをおしんで食事《しょくじ》を共《とも》にし、品物《しなもの》やお金《かね》や歌《うた》などを贈《おく》り、記念《きねん》とすることを「はなむけ」と言《い》うようになりました。

今《いま》は旅立《たびだ》ちや送別《そうべつ》に励《はげ》ましの心《こころ》を込《こ》めて贈《おく》る物《もの》を「はなむけ」と言《い》います。

「卒業《そつぎょう》をお祝《いわ》いし、はなむけの言《こと》葉《ば》を申《もう》し上《あ》げます」とか「はなむけに一曲《きょく》歌《うた》う」のように使《つか》います。「はなむけ」に花《はな》を贈《おく》ることも多《おお》いですが「花《はな》むけ」ではありません。

ブー太郎《たろう》の鼻向《はなむ》け

くるん

三丁目《ちょうめ》の小田《おだ》さん転勤《てんきん》ですって
そうか
何《なに》かはなむけをしないとね
贈《おく》り物《もの》に手紙《てがみ》でもそえるか
まる子《こ》もかいてあげるよはなむけって馬《うま》の鼻《はな》なんでしょ
まる子《こ》の落書《らくが》きなんてわたせねえよ
しかしまちがってまる子《こ》のほう入《い》れちゃったわ
何《なん》だこりゃ
うま
とんだはなむけである

ふろしき

風呂敷

意味《いみ》 **物《もの》を包《つつ》む四角《しかく》い布《ぬの》。**

語源《ごげん》 もともと、風呂《ふろ》でのしき物《もの》だから「ふろしき」です。室町時代《むろまちじだい》には公家《くげ》や上級武士《じょうきゅうぶし》は風呂《ふろ》に入《はい》る時《とき》、脱衣場《だついじょう》には布《ぬの》をしきました。その布《ぬの》に脱《ぬ》いだ衣類《いるい》を包《つつ》んでおき、風呂《ふろ》からあがるとその布《ぬの》で足《あし》をふいたり、そこで休《やす》んだりしました。

江戸時代《えどじだい》になると庶民《しょみん》も風呂《ふろ》ではそういった布《ぬの》を使《つか》うようになり、その布《ぬの》も「ふろしき」と呼《よ》ばれるようになりました。

お風呂《ふろ》の用意《ようい》

「風呂《ふろ》」の語《ご》源《げん》は、風呂《ふろ》の形《かたち》が茶道《さどう》で使《つか》うお湯《ゆ》をわかす道具《どうぐ》「ふろ」に似《に》ているからと言《い》われています。

ふろしきの文化《ぶんか》は世界各地《せかいかくち》にあります。

おばあちゃん ふろしき 使《つか》うの じょうずだ ねー!!
むかしは これで 何《なん》でも 包《つつ》んだ もんだ よ
へー
まる子《こ》も やって みよう
部屋《へや》に 持《も》ってくものを ふろしきに 包《つつ》んで…
それじゃ 泥棒《どろぼう》 じゃよ ……
………

へそくり

へそ繰り

意味《いみ》 **やりくりして、ないしょで貯《た》めたお金《かね》。**

語源《ごげん》 「へそくり」の「へそ」をおなかにある「おへそ」だと思《おも》っている人《ひと》が多《おお》いのですが、それは違《ちが》います。

「へそ」は織《お》り機《き》に掛《か》けるために麻《あさ》糸《いと》を巻《ま》いた糸玉《いとだま》のことです。「へそくり」の「くり」は糸《いと》など長《なが》いものを少《すこ》しずつ引《ひ》き出《だ》したり、巻《ま》きつけたりする「くる」の名詞形《めいしけい》です。植物《しょくぶつ》の麻《あさ》から作《つく》った麻糸《あさいと》を糸玉《いとだま》にすることが「へそくり」です。

江戸時代《えどじだい》に、内職《ないしょく》として「へそ」を作《つく》って貯《た》めた小銭《こぜに》を「へそくり金《がね》」と言《い》いました。ここから「へそくり」ができました。今《いま》でも「へそくり」がないしょのお金《かね》なのは、その起源《きげん》が「内職《ないしょく》」にあるからでしょう。

押《お》し入《い》れの整理《せいり》をしていると……
ん？お金《かね》？
あっ！それはダメッ
はは－ん お母《かあ》さんのへそくりだね
お父《とう》さんにバラされたくなかったら一割《わり》まる子《こ》に…
これは何《なに》…？
わ
まる子《こ》のほうが悪《わる》かった……

へそくりするほどないよ…

まないた 俎板

意味《いみ》

料理《りょうり》の時《とき》にその上《うえ》で魚《さかな》や野菜《やさい》などを切《き》ったりする板《いた》。

語源《ごげん》

「まないた」はいつからある言葉《ことば》だと思《おも》いますか。何《なん》と、奈良《なら》・平安《へいあん》時代《じだい》にはもうあったのです。「まな」はむかしの言葉《ことば》で魚《さかな》のことです。ですから「まな板《いた》」は本来《ほんらい》「魚《さかな》を料《りょう》理《り》する板《いた》」という意味《いみ》です。

なぜ魚《さかな》が「まな」かと言《い》うと、「まな」の「ま」は本当《ほんとう》の、という意味《いみ》で、「ま上《うえ》」「ま夏《なつ》」などの「ま」です。「まな」の「な」は、ごはんのおかず「菜《な》」です。

つまり「まな」は「本当《ほんとう》のごはんのおかず」ということで、それは何《なに》かと言《い》うと魚《さかな》だったのです。

現在《げんざい》では料理《りょうり》の時《とき》に魚《さかな》だけではなく、いろいろな材料《ざいりょう》を切《き》るための板《いた》を言《い》うようになりました。

だいぶよごれたわね
どれけずってやろうか
お願《ねが》いします
一時間後《じかんご》
ちょっとけずりすぎたな…
けずりすぎですよ!!
ふにゃん…

読《よ》んで語覧《ごらん》

おいしいごはんが生《う》まれる

日本《にほん》ではどこの家《いえ》にもあるまな板《いた》、実《じつ》は世界共通《せかいきょうつう》ではないんです。インドやアフリカにはなく、ヨーロッパでもチーズや野菜《やさい》を切《き》るための、小《ちい》さなものがあるだけです。

みやげ

土産

意《い》味《み》 **①旅行先《りょこうさき》から持《も》って帰《かえ》る、その土地《とち》の産物《さんぶつ》。②人《ひと》を訪《たず》ねる時《とき》に持《も》っていく贈《おく》り物《もの》。③外出先《がいしゅつさき》で家族《かぞく》のために買《か》って帰《かえ》る、ちょっとしたもの。**

語《ご》源《げん》 「見上《みあ》げる」を名詞形《めいしけい》にした「見《み》あげ」が変化《へんか》して「みやげ」になりました。室町時代《むろまちじだい》に「みあげをする」と言《い》えば、贈《おく》り物《もの》をすることでした。よく「見《み》」て選《えら》び、人《ひと》に差《さ》し「あげ」る、ということなのでしょう。都《みやこ》である京都《きょうと》に行《い》った地方武士《ちほうぶし》などがみやげを持《も》ち帰《かえ》ったのですが、江戸時代《えどじだい》になると、地方《ちほう》の武士《ぶし》がその土地《とち》の産物《さんぶつ》を江戸《えど》の将軍《しょうぐん》や幕府《ばくふ》の役人《やくにん》に差《さ》し上《あ》げました。その土地《とち》の特産物《とくさんぶつ》は「とさん」と呼《よ》ばれ「土産」と書《か》きました。現在《げんざい》の「みやげ」の意味《いみ》は「みあげ」と「とさん」がミックスしています。

これ北海道《ほっかいどう》のおみやげ
一つずつどうぞ
ありがとう
おいしーっ!!
北海道《ほっかいどう》でしか売《う》ってないんだよ
う〜〜〜ん
毎日《まいにち》食《た》べたいよ〜
ちょいとあんたたち北海道《ほっかいどう》に行《い》く用事《ようじ》ない?
およしよまるちゃん…

第《だい》九章《しょう》

知《し》っておきたい中国《ちゅうごく》で生《う》まれたこの言葉《ことば》

五十歩百歩《ごじっぽひゃっぽ》
白眉《はくび》
塞翁《さいおう》が馬《うま》
指南《しなん》
破天荒《はてんこう》
登竜門《とうりゅうもん》
じゃんけん
紅一点《こういってん》
杞憂《きゆう》
圧巻《あっかん》
逆鱗《げきりん》
青天《せいてん》の霹靂《へきれき》
完璧《かんぺき》

あっかん 圧巻

意味《いみ》

本《ほん》や劇《げき》、催《もよお》しなどの中《なか》で、一番優《いちばんすぐ》れていて迫力《はくりょく》があり、感動《かんどう》を与《あた》えてくれる部分《ぶぶん》。

語源《ごげん》

「圧《あっ》」は上《うえ》から押《お》すこと、「巻《かん》」は答案用紙《とうあんようし》のことです。むかし、中《ちゅう》国《ごく》の科挙《かきょ》という役人《やくにん》になるための試験《しけん》で、一番優《いちばんすぐ》れた答案用紙《とうあんようし》をほかのすべての答案用紙《とうあんようし》の上《うえ》に乗《の》せる、という習《なら》わしがありました。つまりたくさんの答案用紙《とうあんようし》を上《うえ》から押《お》すもの、それが一番優《いちばんすぐ》れたものだったのです。

使《つか》い方《かた》

今年《ことし》の合唱《がっしょう》コンクールでは、五年《ねん》一組《くみ》の歌《うた》った「花《はな》」が**圧巻《あっかん》**だった。

100
長山 治

富士山《ふじさん》はいつ見《み》てもきれいだね
わしは夕陽《ゆうひ》にそまった富士山《ふじさん》が一番好《いちばんす》きじゃな
あの美《うつく》しさは圧巻《あっかん》じゃよ
あっかん?
最高《さいこう》ってこと?
そうじゃよ まる子《こ》よくわかったな エライぞ
おフロあがりのコーヒー牛乳《ぎゅうにゅう》は圧巻《あっかん》だねェ
ぷはーっ
は?

かんぺき
完璧

意味《いみ》 まったく欠点《けってん》やキズがなく、立派《りっぱ》なこと。

語源《ごげん》 「璧《へき》」は中国《ちゅうごく》の宝石《ほうせき》で、玉《ぎょく》とも呼《よ》ばれています。「完璧《かんぺき》」は「キズのない玉《ぎょく》」ですが、もともとは「預《あず》かった玉《ぎょく》をきずつけずに無事《ぶじ》に返《かえ》す」という意味《いみ》でした。強国《きょうこく》・秦《しん》の昭《しょう》王《おう》は、趙《ちょう》の王《おう》が持《も》っている評判《ひょうばん》の美《うつく》しい璧《へき》がほしくなり、城《しろ》をやるから璧《へき》をよこせ、と言《い》ってきました。しかたなく趙《ちょう》の使《つか》いの者《もの》が璧《へき》を持《も》って行《い》くと、昭王《しょうおう》は璧《へき》を取《と》り上《あ》げたまま城《しろ》のことは知《し》らん顔《かお》です。そこで使《つか》いの者《もの》は知恵《ちえ》をしぼって言《い》いました。「王《おう》さま、実《じつ》はその璧《へき》にはかすかなキズがあるのです。ほら、ここに」昭王《しょうおう》から璧《へき》を受《う》け取《と》ると、さっと柱《はしら》のそばに飛《と》びさがって言《い》いました。「約束《やくそく》の城《しろ》がもらえないなら璧《へき》は持《も》って帰《かえ》ります。それがだめなら、私《わたし》の頭《あたま》もこの璧《へき》も柱《はしら》にぶつけて砕《くだ》いてしまいましょう！」昭王《しょうおう》もこの勇気《ゆうき》に負《ま》け、使《つか》いの者《もの》は璧《へき》を無事《ぶじ》に趙《ちょう》の王《おう》に返《かえ》すことができたわけです。

使い方《つかいかた》 期末試験《きまつしけん》にそなえて、お兄《にい》さんは猛勉強《もうべんきょう》していた。そのかいあって、大好《だいす》きな歴史《れきし》は**完璧《かんぺき》**なできばえだったと自慢《じまん》している。

完璧な
おぼっちゃま

花輪《はなわ》くん今日《きょう》も服《ふく》きまってるね
それを言《い》わないでくれよベイビー気《き》にしてるんだ
無意識《むいしき》だけど完璧《かんぺき》になってしまうこれって罪《つみ》だよね
ふっ
でも
クリーニングのフダがついてる
ガーーンッ

きゆう 杞憂

意味《いみ》 **よけいな心配《しんぱい》をすること。**

語源《ごげん》 「杞《き》」はむかし中国《ちゅうごく》にあった国《くに》の名前《なまえ》で、「憂《ゆう》」は思《おも》い悩《なや》んだり心配《しんぱい》したりすることです。杞《き》の国《くに》のある人《ひと》が、天《てん》が落《お》ちてきたらどうしよう、地《ち》がくずれたらどうしよう、と心配《しんぱい》になり、夜《よる》も眠《ねむ》れずごはんものどを通《とお》らなくなりました。見《み》かねた人《ひと》が「天《てん》は空気《くうき》が積《つ》もったものだから落《お》ちてこないよ。地《ち》はぼくたちが踏《ふ》んでいる土《つち》のかたまりじゃないか」と言《い》ってきかせると、ようやく安心《あんしん》したと言《い》います。杞《き》の国《くに》の人《ひと》のよけいな心配《しんぱい》、それが杞憂《きゆう》というわけです。

使《つか》い方《かた》 夏休《なつやす》みに家族《かぞく》で北海道《ほっかいどう》へ行《い》く計画《けいかく》を立《た》てた。でもお父《とう》さんが急《きゅう》な仕事《しごと》で行《い》かれなくなるのではないかと心配《しんぱい》だ。**杞憂《きゆう》**であればいいけれど。

給食《きゅうしょく》食《た》べきれなかったらどうしよう

どこ行《い》くのっ
ヒデキのコンサートよ
おしゃれしちゃった
うふふ♡
キレイだよお姉《ねえ》ちゃん
私《わたし》がヒデキならホレちゃうね
結婚《けっこん》を申《もう》し込《こ》むよ
ばばかね何《なに》言《い》ってんのよ
でももしかしたら……
かあ〜っ
それ杞憂《きゆう》だから

げきりん

逆鱗

意味《いみ》

「逆鱗《げきりん》に触《ふ》れる」という言《い》い方《かた》をし、目上《めうえ》の人《ひと》を激《はげ》しく怒《おこ》らせること。

語源《ごげん》

中国《ちゅうごく》の戦国時代《せんごくじだい》、韓非《かんぴ》という人《ひと》がこう言《い》いました。「竜《りゅう》ののどの下《した》には一枚《まい》だけ逆《さか》さに生《は》えたうろこ、逆《げき》鱗《りん》があって、もしだれかがこれに触《ふ》れたりしたら、竜《りゅう》は怒《おこ》って必《かなら》ず触《ふ》れた人《ひと》を殺《ころ》してしまうと言《い》う。君主《くんしゅ》にも同《おな》じように触《ふ》れてはいけない急《きゅう》所《しょ》・逆鱗《げきりん》があるのだから、意見《いけん》を申《もう》し上《あ》げる時《とき》にはこれに触《ふ》れないよう気《き》をつけなくてはいけない」 このことから、君主《くんしゅ》や目上《めうえ》の人《ひと》を怒《おこ》らせてしまうことを「逆鱗《げきりん》に触《ふ》れる」と言《い》うようになりました。

使い方《つかいかた》

今朝《けさ》はこの冬《ふゆ》一番《いちばん》の冷《ひ》え込《こ》みだ。お父《とう》さんも厚《あつ》いコートを着《き》て、手袋《てぶくろ》をしている。「お父《とう》さん、帽子《ぼうし》もかぶったほうがいいんじゃない？」と言《い》ったら「何《なに》！ 人《ひと》をばかにするんじゃない！」としかられた。髪《かみ》の毛《け》が少《すこ》しさびしくなってきたお父《とう》さんに変《へん》なこと言《い》って逆鱗《げきりん》に触《ふ》れてしまった。私《わたし》ってドジだなあ。

くすくす
なーに 二人共《ふたりとも》また何《なに》か悪《わる》いことしたんじゃないでしょうね
何《なに》もしとらんよ お姉《ねえ》ちゃんの日記《にっき》見《み》たりしてないから
おっ おじいちゃん
！
見《み》たのね
お姉《ねえ》ちゃんの逆鱗《げきりん》に触《ふ》れたようね

みぎわさんってコワイよね
なんですって
キーーッ

こういってん
紅一点

意味《いみ》 **大勢《おおぜい》の男性《だんせい》の中《なか》に、たった一人《ひとり》女性《じょせい》が交《ま》じっていること。**

語源《ごげん》 むかし、中国《ちゅうごく》の王安石《おうあんせき》という人《ひと》が作《つく》った「柘榴《ざくろ》の詩《し》」の中《なか》の「万緑叢《ばんりょくそう》中紅一点《ちゅうこういってん》」の句《く》が語源《ごげん》です。「あたり一面緑《いちめんみどり》の葉《は》が茂《しげ》っている中《なか》に、たった一輪《りん》咲《さ》いた赤《あか》い花《はな》の美《うつく》しいこと！」と言《い》っているのです。

この春景色《はるげしき》の感動《かんどう》を歌《うた》った詩《し》の言葉《ことば》から、だんだんに変《か》わって今《いま》のような意味《いみ》になりました。

使い方《つかいかた》 うちは男《おとこ》ばかりの三人兄弟《にんきょうだい》なので、わが家《や》ではお母《かあ》さんが**紅一点《こういってん》**だ。

今日《きょう》 職員室《しょくいんしつ》に行《い》ったら…
まる子《こ》のほかはみんな男子《だんし》で居心地悪《いごこちわる》かった
ほお 紅一点《こういってん》じゃな
でもどうして職員室《しょくいんしつ》に？
給食費《きゅうしょくひ》忘《わす》れた人《ひと》は来《き》なさいって先生《せんせい》が…
おかあさんちゃんとあげたのにどうして!?

ごじっぽひゃっぽ 五十歩百歩

意味《いみ》 **少《すこ》しの違《ちが》いはあっても似《に》たりよったりで、たいした差《さ》がないこと。**

語源《ごげん》 中国《ちゅうごく》の戦国時代《せんごくじだい》、ある国《くに》の王《おう》さまが、自分《じぶん》の国《くに》にたくさんの人《ひと》を集《あつ》め強《つよ》い国《くに》にしようと、そのために良《よ》い政治《せいじ》を心《こころ》がけました。でも、人《ひと》は集《あつ》まってきません。王《おう》さまは孟子《もうし》という深《ふか》い考《かんが》えをもった人《ひと》にわけを尋《たず》ねました。孟子《もうし》はこう言《い》いました。「戦場《せんじょう》で、ある者《もの》は百歩《ぽ》逃《に》げて立《た》ち止《ど》まり、またある者《もの》は五十歩《ぽ》逃《に》げて止《と》まりました。五十歩《ぽ》逃《に》げた者《もの》が百歩《ぽ》逃《に》げた者《もの》を臆病《おくびょう》だと笑《わら》ったらどうでしょうか」王《おう》さまは言《い》いました。「それはおかしい。どちらも逃《に》げたことは変《か》わらないのだから」そこで孟子《もうし》はこう答《こた》えました。「そのとおり。王《おう》さまのなさっている良《よ》い政治《せいじ》もよその国《くに》と比《くら》べたら五十歩《ぽ》と百歩《ぽ》の違《ちが》い、つまりたいした差《さ》はないのです」。

ヒドイ点だね
32
36

使《つか》い方《かた》 お姉《ねえ》さんは「テレビばかり見《み》てないで勉強《べんきょう》しなさい」と言《い》うけれど、お姉《ねえ》さんだって勉強中《べんきょうちゅう》に何度《なんど》も長《なが》電話《でんわ》してるんだから、勉強《べんきょう》ぶりはおたがい**五十歩百歩《ごじっぽひゃっぽ》**だと思《おも》うよ。

あ ハンカチかえてくるの忘《わす》れた
なーんださくらもか
オイラもだよ 四日《か》めなんだ
いっしょにしないでよ
ねっ たまちゃん
え―と……
どっちも五十歩百歩《ごじっぽひゃっぽ》かも

さいおうがうま
塞翁が馬

意味《いみ》

人《ひと》の一生《いっしょう》のうちで、何《なに》が幸《しあわ》せのきっかけになり、何《なに》が不幸《ふこう》の始《はじ》まりになるか、前《まえ》もって知《し》ることはできないものだ、というたとえ。

語源《ごげん》

「塞翁《さいおう》」は、むかし中国《ちゅうごく》の北《きた》のはずれに住《す》んでいた老人《ろうじん》です。塞翁《さいおう》が飼《か》っていた馬《うま》がある時逃《ときに》げていってしまいましたが、数《すう》か月《げつ》すると立派《りっぱ》な馬《うま》を連《つ》れて帰《かえ》ってきました。ところが塞翁《さいおう》の子《こ》が馬《うま》に乗《の》って遊《あそ》んでいるうち、落馬《らくば》して足《あし》の骨《ほね》を折《お》ってしまいました。やがて戦争《せんそう》が始《はじ》まり、若者《わかもの》たちは皆《みな》、戦場《せんじょう》で死《し》んでしまいましたが、塞翁《さいおう》の子《こ》だけは足《あし》が悪《わる》くて兵隊《へいたい》に取《と》られず無事《ぶじ》だったのです。

近所《きんじょ》の人《ひと》たちは何《なに》かあるたびに塞《さい》翁《おう》に同情《どうじょう》したり喜《よろこ》んだりしましたが塞翁《さいおう》は、幸《しあわ》せは不幸《ふこう》の始《はじ》まり、不幸《ふこう》は幸《しあわ》せのきっかけ、と言《い》って落《お》ち着《つ》いていたそうです。

使い方《つかいかた》

お気《き》に入《い》りのマンガを読《よ》んでいたら、お母《かあ》さんにおつかいをたのまれた。いやだなあ、やれやれ。でも帰《かえ》りに商店街《しょうてんがい》の福引《ふくび》きを引《ひ》いたら、何《なん》とDVD《ディーブイディー》が当《あ》たってしまった。**塞《さい》翁《おう》が馬《うま》**とはこのことだ。

さすが

流石

意《い》味《み》

予想《よそう》していたとおり、やはりたいしたものだ。

よっ

語源《ごげん》

「さすが」を「流石」と書《か》くのはこんな物語《ものがたり》から、と言《い》われています。むかし、中国《ちゅうごく》に孫楚《そんそ》という人《ひと》がいました。孫楚《そんそ》は人《ひと》づきあいが苦手《にがて》で、負《ま》けずぎらいでした。ある時《とき》孫楚《そん》は、世間《せけん》を離《はな》れて山《やま》の中《なか》で大自然《だいしぜん》を友《とも》に暮《く》らそうと思《おも》い立《た》ち、親友《しんゆう》にこう打《う》ち明《あ》けました。「石《いし》に漱《くちすす》ぎ流《なが》れに枕《まくら》す、という生活《せいかつ》をしようと思《おも》う」これは「石《いし》に枕《まくら》し流《なが》れに漱《くちすす》ぐ」(石《いし》をまくらにして眠《ねむ》り、谷川《たにがわ》の流《なが》れで口《くち》をすすぐ)を言《い》いまちがえたのです。親友《しんゆう》は「流《なが》れをまくらにして石《いし》で口《くち》をすすぐ、なんてできるのかい?」と笑《わら》いましたが、孫楚《そんそ》は落《お》ち着《つ》いてこう答《こた》えました。

「流《なが》れをまくらにするのは耳《みみ》を洗《あら》うため、石《いし》で口《くち》をすすぐのは歯《は》をみがくためさ」負《ま》けおしみとはいえ、「流《なが》れ」と「石《いし》」のとり違《ちが》えをものともせず「さすが」うまく言《い》い返《かえ》したものです。

使《つか》い方《かた》

優勝《ゆうしょう》のゆくえは千秋楽《せんしゅうらく》結《むす》びの一番《いちばん》に持《も》ちこされたが、**さすが**横綱《よこづな》、落《お》ち着《つ》いた取《と》り口《くち》で勝利《しょうり》をものにした。

まる子《こ》も自然《しぜん》の中《なか》で暮《く》らそうかなァ
テレビもマンガもないのよ
ハンバーグもないのよ
さすがは家族《かぞく》まる子《こ》の性格《せいかく》お見通《みとお》し…

させん
左遷

意味《いみ》 **今《いま》までより低《ひく》い地位《ちい》に落《お》とすこと。また、地位《ちい》を落《お》として遠《とお》い土地《とち》に転勤《てんきん》させること。**

語源《ごげん》 「遷《せん》」は「移《うつ》す」という意味《いみ》です。中国《ちゅうごく》ではむかしから、右《みぎ》をうやまって大切《たいせつ》にし、左《ひだり》をいやしむ習《なら》わしがありました。それで右《みぎ》から左《ひだり》に移《うつ》すこと「左遷《させん》」が、地位《ちい》を落《お》とすことを表《あらわ》すようになったのです。

使い方《つかいかた》 九州支社《きゅうしゅうししゃ》に転勤《てんきん》になって、「どうしておれが左遷《させん》されるんだ?」と叔父《おじ》さんはぼやいている。

左《ひだり》へどうぞ

丸尾《まるお》くん理科《りか》の実験《じっけん》の用意《ようい》しておいたから
ズバリ忘《わす》れていたでしょう
ガーンッ
すごい まるちゃんが委員長《いいんちょう》やってよ
えへへ
そんなっ私《わたし》はどうすれば
じゃあ丸尾《まるお》くんには放課後《ほうかご》の委員長《いいんちょう》お願《ねが》いするよ
は?
放課後《ほうかご》
しーーん…
ズバリ左遷《させん》でしょう

しなん 指南

意味《いみ》 **人《ひと》を教《おし》え導《みちび》くこと。**

掃除の仕方を指南します

語源《ごげん》 むかし、中国《ちゅうごく》に「指南車《しなんしゃ》」というめずらしい車《くるま》がありました。車《くるま》の上《うえ》に乗《の》せられた人形《にんぎょう》の手《て》を最初《さいしょ》に南《みなみ》に向《む》けておくと、歯車《はぐるま》のしかけで、車《くるま》が動《うご》いてもいつも手《て》が南《みなみ》を指《さ》すようにできていたのです。霧《きり》の中《なか》での戦《たたか》いや道《みち》に迷《まよ》った時《とき》に役《やく》に立《た》ったと言《い》われています。この指南車《しなんしゃ》の方向《ほうこう》を指《さ》し示《しめ》す役割《やくわり》から、人《ひと》を教《おし》え導《みちび》くことを「指南《しなん》」と言《い》うようになりました。江戸時代《えどじだい》の日本《にほん》では、とくに武《ぶ》術《じゅつ》を教《おし》える場合《ばあい》に多《おお》く使《つか》われました。

使《つか》い方《かた》 大山《おおやま》くんはバレンタインデーにたくさんチョコレートをもらっている。一《ひと》つももらえないぼくは、大山《おおやま》くんに女《おんな》の子《こ》にもてる方法《ほうほう》を**指南《しなん》**してもらいたいものだ。

ヒデじいはいつも花輪《はなわ》くんのそばにいて何《なん》でも教《おし》えてくれるんでしょ
そうさベイビー
ヒデじいはボクの人生《じんせい》の大切《たいせつ》な指南役《しなんやく》さ
いーなー花輪《はなわ》くん
でも…
ヒデじいにお笑《わら》いの指南《しなん》はできないわね
クククッ
えーと…

語源《ごげん》たんけんニュース 年齢編《ねんれいへん》

日本《にほん》では、ある年齢《ねんれい》になるとそれに合《あ》ったお祝《いわ》いをする習慣《しゅうかん》があります。そんな年齢《ねんれい》に合《あ》ったお祝《いわ》いを、たんけんしましょう。

おとしよりを大切《たいせつ》に！
やぁベイビー
わしはまだ若《わか》い！
もじもじ
今年《ことし》で七十二歳《さい》じゃ
七十六歳《さい》でしょ
長生《なが》きしましょう
敬老《けいろう》

七五三《しちごさん》…三歳《さい》と五歳《さい》の男《おとこ》の子《こ》、三歳《さい》と七歳《さい》の女《おんな》の子《こ》が十一月《がつ》十五日《にち》にお寺《てら》や神社《じんじゃ》に祝《いわ》いのお参《まい》りをするのじゃ。もともと、三歳《さい》から子供《こども》の髪《かみ》をのばす儀式《ぎしき》や、五歳《さい》の男《だん》子にはかまをつける儀式《ぎしき》、七歳《さい》の女子《じょし》に帯《おび》をむすぶ儀式《ぎしき》などお祝《いわ》いごとから始《はじ》まったのじゃ。

成人の日《せいじんのひ》…二十歳《はたち》になった人《ひと》を祝福《しゅくふく》する日《ひ》。二十歳《はたち》はおとなの証《あかし》なのじゃ。まる子《こ》はまだかの。

還暦《かんれき》…満《まん》六十歳《さい》。数《かぞ》え年《どし》で六十一歳《さい》の誕生日《たんじょうび》に行《おこな》われるお祝《いわ》いじゃ。中国《ちゅうごく》から伝《つた》わった干支《かんし》（甲乙丙《きのえきのとひのえ》…と子丑寅《ねうしとら》…）によると、生《う》まれた年《とし》と完全《かんぜん》に同《おな》じ年《とし》になるのは六十年《ねん》ごとなんじゃ。還暦《かんれき》は暦《こよみ》がもとにもどるということで、赤《あか》ちゃんにもどるという意味《いみ》を込《こ》めて、赤《あか》いちゃんちゃんこを着《き》せて祝《いわ》うのじゃ。

これだけではないんじゃ長生《なが》きすればもっともっとお祝《いわ》いがあるんじゃ

長《なが》生《い》きピラミッド

還暦《かんれき》をすぎても、まだまだ長生《ながい》きすれば、お祝《いわ》いがいーっぱい！

もっともっと長生《なが い》きしてね〜

ついに100歳《さい》じゃ〜

白《はく》寿《じゅ》 99歳《さい》

卒《そつ》寿《じゅ》 90歳《さい》

米《べい》寿《じゅ》 88歳《さい》

傘《さん》寿《じゅ》 80歳《さい》

喜《き》寿《じゅ》 77歳《さい》

古《こ》稀《き》 70歳《さい》

白寿《はくじゅ》

99歳《さい》のお祝《いわ》い。漢字《かんじ》の「百《ひゃく》」から「一《いち》」ひくと「白《しろ》」。それで、100歳《さい》より1歳《さい》少《すく》ない99歳《さい》のお祝《いわ》いを白寿《はくじゅ》と言《い》うのです。

卒寿《そつじゅ》

90歳《さい》のお祝《いわ》い。「卒《そつ》」の略《りゃく》字《じ》は「卆《そつ》」。これを分解《ぶんかい》すると「九十」。

米寿《べいじゅ》

88歳《さい》のお祝《いわ》い。「米《こめ》」の字《じ》を分解《ぶんかい》していくと「八十八」になります。

米《こめ》おかわり

傘寿《さんじゅ》

傘《かさ》の略字《りゃくじ》が仐。これを分解《ぶんかい》すると「八十」。

まるでダジャレ

喜寿《きじゅ》

77歳《さい》のお祝《いわ》い。「喜《き》」のくずした字体《じたい》は「㐂」。そこから77歳《さい》のお祝《いわ》いに。

古稀《こき》

70歳《さい》のお祝《いわ》い。これは中国《ちゅうごく》の有名《ゆうめい》な詩人《しじん》・杜甫《とほ》の詩《し》の一節《いっせつ》「人生《じんせい》七十古来稀《こらいまれ》なり（人生《じんせい》70年《ねん》も生《い》きるということは、大《おお》むかしよりめったにない、まれなことだ）」から来《き》ています。

ズバリ長生《なが い》きでしょ〜

じゃんけん

じゃん拳

意味《いみ》

二人《ふたり》以上《いじょう》の人《ひと》が、片手《かたて》で石《いし》（ぐう）、はさみ（ちょき）、紙《かみ》（ぱあ）の形《かたち》を作《つく》り、出《だ》し合《あ》って勝負《しょうぶ》を決《き》める遊《あそ》び。

語源《ごげん》

「じゃんけん」は「両拳」の中国《ちゅうごく》語《ご》の読《よ》み「リャンケン」が変化《へんか》したものです。「拳《けん》」というのは、手《て》を広《ひろ》げたりとじたり、指《ゆび》を曲《ま》げたりのばしたりして二人《ふたり》以上《いじょう》で勝負《しょうぶ》を決《き》める遊《あそ》びで、江戸《えど》時代《じだい》に中国《ちゅうごく》から伝《つた》わりました。お酒《さけ》の席《せき》で遊《あそ》ぶものなど、いろいろな種類《しゅるい》があり、じゃんけんもその一《ひと》つです。

使《つか》い方《かた》

かくれんぼの最初《さいしょ》の鬼《おに》はじゃんけんで決《き》めよう。

まる子《こ》 じゃんけん 弱《よわ》くていつも 損《そん》してる
ふう…
あ いいこと 思《おも》いついた
何《なに》？
ポン
全部《ぜんぶ》同時《どうじ》に 出《だ》せば
どれかで 必《かなら》ず勝《か》てる
ちょき
ぱー
ぐー
でもどれかが 必《かなら》ず負《ま》けるよ…
あっ… 足《あし》が…

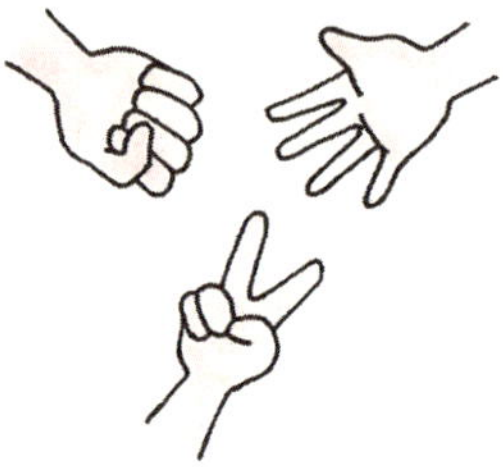

すいこう
推敲

意味《いみ》

文章《ぶんしょう》や詩《し》を書《か》く時《とき》に、どの言葉《ことば》を使《つか》おうかあれこれ考《かんが》え、何度《なんど》も直《なお》しながら良《よ》い作品《さくひん》にしあげていくこと。

語源《ごげん》

むかし、中国《ちゅうごく》に賈島《かとう》という詩人《しじん》がいました。賈島《かとう》はロバの背《せ》にゆられて都《みやこ》の大通《おおどお》りを行《い》きながら詩《し》を作《つく》っていました。「僧《そう》は推《お》す月下《げっか》の門《もん》」（静《しず》かな夜《よる》、一人《ひとり》のお坊《ぼう》さんが月《つき》の光《ひかり》を浴《あ》びた門《もん》の戸《と》を押《お》す）という句《く》ができましたが、「推《お》す」を「敲《たた》く」にしたほうが良《よ》いだろうか、と迷《まよ》ってしまいました。どちらが良《よ》いか夢中《むちゅう》で考《かんが》えているうちに、乗《の》っているロバがえらい政治家《せいじか》の行列《ぎょうれつ》にぶつかってしまいました。賈島《かとう》がわけを話《はな》すと政治家《せいじか》は「それは『敲《たた》く』のほうがいい」と言《い》ったので、やっと「敲《たた》く」に落《お》ち着《つ》くことができました。賈島《かとう》の推《お》すか敲《たた》くか「推敲《すいこう》」の悩《なや》みが、文章《ぶんしょう》や詩《し》を苦心《くしん》して直《なお》していくことを表《あらわ》すようになったのです。

悩むでしょう
丸尾に一票を
一票を丸尾に

使《つか》い方《かた》

小説家《しょうせつか》の原稿《げんこう》が展示《てんじ》されている。消《け》したあとや書《か》き足《た》したところを丸《まる》で囲《かこ》んだのや、とにかくにぎやかだ。小説家《しょうせつか》ってこんなにも**推敲《すいこう》**を重《かさ》ねるんだね。

最後《さいご》が「。」か「！」か……
う〜ん
歌手が
歌って
帰った
どっちでもいいんじゃない…

ずさん 杜撰

意味《いみ》 **やり方《かた》がいいかげんで、まちがいが多《おお》いこと。**

語源《ごげん》 「杜《ず》」は、中国《ちゅうごく》の詩人《しじん》杜黙《ともく》のこと、「撰《さん》」は詩《し》や文《ぶん》を作《つく》る、という意味《いみ》です。杜黙《ともく》は、漢詩《かんし》の決《き》まりや約束《やくそく》からはずれた詩《し》を多《おお》く作《つく》りました。そのため、規則《きそく》に合《あ》わないものや、いいかげんでまちがいの多《おお》い詩《し》や本《ほん》のことを、「杜撰《ずさん》」と言《い》うようになり、さらに一般《いっぱん》に、いいかげんで手《て》ぬかりの多《おお》いことを言《い》うようになりました。

使《つか》い方《かた》 クリスマスパーティーは一人《ひとり》八百円《えん》で計画《けいかく》したのに、いろいろ買《か》い物《もの》をしたら、あと三百円《えん》ずつもらわないと足《た》りなくなった。これじゃ計画《けいかく》が**杜撰《ずさん》**だったと言《い》われてもしかたがない。

でーきた
♪
え…
←ねんど

この前《まえ》貸《か》したコンパス返《かえ》して
ギくっ
あ…それが…
まさか また なくしたの? どうして そうなのよ
この前《まえ》赤《あか》えんぴつも定規《じょうぎ》も…
そーゆーいいかげんなのを「杜撰《ずさん》」ていうのよ
一《ひと》つりこうになったよ…
ありがとう
………

せいてんのへきれき 青天の霹靂

意味《いみ》 **大事件《だいじけん》や思《おも》ってもみなかったことが突然《とつぜん》起《お》こること。**

語源《ごげん》 「青天《せいてん》」は、雲一《くもひと》つなく晴《は》れわたった青空《あおぞら》で、「霹靂《へきれき》」は急《きゅう》に雷《かみなり》が鳴《な》ることです。晴《は》れた青空《あおぞら》に急《きゅう》にとどろく雷《かみなり》の音《おと》、突然《とつぜん》起《お》こった大事件《だいじけん》の驚《おどろ》きをみごとに表《あらわ》した言葉《ことば》です。

でもこの言葉《ことば》、もともとは文字《もじ》の勢《いきお》いを表《あらわ》したのです。病気《びょうき》で寝《ね》ていた中国《ちゅうごく》の詩人《しじん》陸游《りくゆう》が、ふいに起《お》き出《だ》し筆《ふで》を走《はし》らせたところ、文字《もじ》のいきいきと躍《おど》るようすは、青空《あおぞら》に雷《かみなり》をとどろかす勢《いきお》いだった、と自《じ》分《ぶん》の詩《し》に書《か》いたのが始《はじ》まりでした。

使い方《つかかた》 家《いえ》が近《ちか》くてクラスもずっといっしょだった親友《しんゆう》の高橋《たかはし》くんが、一学期《がっき》で突然転校《とつぜんてんこう》するという。ぼくにとっては**青天《せいてん》の霹靂《へきれき》**だ。

フランス料理食べにいくの!?

三学期《がっき》の委員長《いいんちょう》はズバリ私《わたし》が選《えら》ばれるでしょう
投票箱
委員長《いいんちょう》は大野《おおの》くんです
大野 正正正
丸尾 正下
ええーっ
ズバリ!! 青天《せいてん》のへきれきでしょう
夢《ゆめ》?
はっ
がばっ
大野《おおの》くん次《つぎ》は負《ま》けませんよ
はあ?
夢でも負けたのがくやしい

そうへき
双璧

意味《いみ》

どちらがまさっているとも言《い》えないくらい、両方《りょうほう》とも優《すぐ》れている二《ふた》つのもの。

語源《ごげん》

「璧《へき》」は中国《ちゅうごく》の宝石《ほうせき》で、玉《ぎょく》とも呼《よ》ばれています。「双璧《そうへき》」は一対《いっつい》、つまり二《ふた》つで一組《ひとくみ》の美《うつく》しい玉《ぎょく》、という意味《いみ》です。むかし中国《ちゅうごく》に二人《ふたり》そろって秀才《しゅうさい》と評判《ひょうばん》の兄弟《きょうだい》がいました。洛陽《らくよう》という町《まち》の知事《ちじ》が二人《ふたり》に会《あ》い、「私《わたし》は長生《ながい》きをして、こうして双璧《そうへき》を見《み》ることができたよ」とほめたということです。

使い方《つかいかた》

森鷗外《もりおうがい》と夏目漱石《なつめそうせき》は、近代日本文学《きんだいにほんぶんがく》の双璧《そうへき》と言《い》われている。杉山《すぎやま》くんと大野《おおの》くんは、クラスで人気《にんき》の高《たか》い男子《だんし》の**双璧《そうへき》**だ。

お母《かあ》さんの一番《いちばん》の宝物《たからもの》は？
まる子《こ》とお姉《ねえ》ちゃんだよ
二人《ふたり》は母《かあ》さんの宝石《ほうせき》みたいなものよ
うわー宝石《ほうせき》？
つまり双璧《そうへき》じゃな
それは違《ちが》うよ
お母《かあ》さんの一番《いちばん》はオパールの指輪《ゆびわ》よ
ガーン
フフフ

だそく
蛇足

意味《いみ》
よけいなつけ足《た》し。あってもしかたがないもの。

語源《ごげん》
「蛇足《だそく》」は「へびの足《あし》」です。むかし中国《ちゅうごく》で家来《けらい》たちが大《おお》きな杯《さかずき》に入《い》れた酒《さけ》を主人《しゅじん》にもらいました。家来《けらい》たちは相談《そうだん》して、地面《じめん》にへびの絵《え》をかく競争《きょうそう》をし、一番早《いちばんはや》くかけた者《もの》がその酒《さけ》を飲《の》むことに決めました。さっそく一人《ひとり》がかきあげて、酒《さけ》を引《ひ》き寄《よ》せながら皆《みな》がかき終《お》わらないのを見《み》て得意《とくい》になり、「おれは足《あし》までかけるぞ」と、左手《ひだりて》に杯《さかずき》を持《も》ち右手《みぎて》でへびの足《あし》をかき加《くわ》え始《はじ》めました。ところがそのうちにもう一人《ひとり》がかき終《お》え、「へびにはもともと足《あし》なんかないよ。足《あし》があったらへびじゃないね」と言《い》って杯《さかずき》を取《と》り上《あ》げ、ひと息《いき》に酒《さけ》を飲《の》んでしまいました。よけいなもの「蛇足《だそく》」をかき加《くわ》えたばかりに酒《さけ》を飲《の》みそこなった最初《さいしょ》の家来《けらい》はさぞくやしかったことでしょう。

使《つか》い方《かた》
いなかのおばあちゃんに手紙《てがみ》を書《か》いた。「今度《こんど》は冬休《ふゆやす》みに遊《あそ》びに行《い》くのを楽《たの》しみにしています。お元気《げんき》でいてください。なお、お年玉《としだま》を忘《わす》れないでください」と書《か》いたら、お母《かあ》さんに「最後《さいご》の一行《ぎょう》は蛇足《だそく》よ」と言《い》われた。

ふー
こりゃうまくかけたね
う〜ん
でもなんか太陽《たいよう》のぱあーっとした感《かん》じがないねぇ…
この模様《もよう》がなければ花《はな》マルなんですけどね…
はつひ
三年 さくらももこ
蛇足《だそく》…だったのね…

とうりゅうもん 登竜門

意味《いみ》

そこをうまく通《とお》りぬければ、出世《しゅっせ》したり成功《せいこう》したりできるというむずかしい試験《しけん》や審査《しんさ》のこと。

語源《ごげん》

「竜門《りゅうもん》」は、黄河《こうが》という大《おお》きな川《かわ》の上流《じょうりゅう》にある有名《ゆうめい》な急流《きゅうりゅう》です。多《おお》くの魚《さかな》がその下《した》に集《あつ》まりますが、流《なが》れがとても速《はや》いので大《おお》きな魚《さかな》でもそこを登《のぼ》ることができません。万一《まんいち》登《のぼ》ることができた魚《さかな》は竜《りゅう》になると言《い》われています。ここから「竜門《りゅうもん》を登《のぼ》る」つまり「登竜門《とうりゅうもん》」が、魚《さかな》が竜《りゅう》に出世《しゅっせ》する難関《なんかん》を表《あらわ》すようになりました。

使《つか》い方《かた》

連続《れんぞく》テレビドラマのヒロインには、全国《ぜんこく》から大勢《おおぜい》の女性《じょせい》がオーディションを受《う》けに来《く》るそうだ。選《えら》ばれたらスターになれる**登竜門《とうりゅうもん》**だからね。

頑張《がんば》れ

まる子《こ》 将来《しょうらい》は まんが家《か》に なりたいなー
賞《しょう》を とらなきゃ だめよ
まんが家《か》の 登竜門《とうりゅうもん》と 言《い》われる賞《しょう》が あって…
とうりゅうもん？
まる子《こ》には 絶対無理《ぜったいむり》よ すごくせまくて きびしい門《もん》 なんだから 通《とお》れないわ
そんなこと ないよ
まる子《こ》小《ちい》さいから このくらいせまくても 大丈夫《だいじょうぶ》だよ
するっ
………

はくちゅう 伯仲

意味《いみ》 **力《ちから》が接近《せっきん》していて、ほとんど差《さ》がないこと。**

語源《ごげん》 中国《ちゅうごく》では兄弟《きょうだい》の順序《じゅんじょ》を上《うえ》から「伯《はく》」「仲《ちゅう》」「叔《しゅく》」「季《き》」と呼《よ》んでいました。一番上《いちばんうえ》の「伯《はく》」と二番《ばん》めの「仲《ちゅう》」は年齢《ねんれい》が近《ちか》いせいか、ほとんど兄《あに》と弟《おとうと》の差《さ》がありません。そこから似《に》かよっていて差《さ》がないこと、力《ちから》が接近《せっきん》していることを「伯仲《はくちゅう》」と呼《よ》ぶようになりました。

使《つか》い方《かた》 運動会《うんどうかい》のハイライト、騎馬戦《きばせん》では赤組《あかぐみ》、白組《しろぐみ》ともに一歩《ぽ》も引《ひ》かぬ勇《いさ》ましさ、まさに実力伯仲《じつりょくはくちゅう》という感《かん》じだったが、最後《さいご》に白組《しろぐみ》が勝《か》ちをおさめた。

大野《おおの》くんと杉山《すぎやま》くんはサッカーうまいよね
うんうん
二人《ふたり》は実力伯仲《じつりょくはくちゅう》
親友《しんゆう》でよきライバルなんてステキだね
まる子《こ》のライバルって…?
ふと…
お笑《わら》い好《す》き好《す》き度《ど》は伯仲《はくちゅう》の間柄《あいだがら》ね私《わたし》たち
つまりライバル?
野口《のぐち》さん!?

はくび

白眉

意味《いみ》 **大勢《おおぜい》の中《なか》でもっとも優《すぐ》れている人《ひと》。多《おお》くの中《なか》でもっとも優《すぐ》れている物《もの》。**

語源《ごげん》 むかし中国《ちゅうごく》に馬良《ばりょう》という人《ひと》がいました。馬良《ばりょう》は五人兄弟《にんきょうだい》で、五人《にん》そろって秀才《しゅうさい》でしたが、中《なか》でも眉《まゆ》の中《なか》に白《しろ》い毛《け》のある馬良《ばりょう》がもっとも優《すぐ》れていたので、多《おお》くの中《なか》で一番優《いちばんすぐ》れている人《ひと》や物《もの》を「白眉《はくび》」と言《い》うようになりました。

使《つか》い方《かた》 大学生《だいがくせい》のお兄《にい》さんは大《だい》のミステリーファン。もう五十冊《さつ》も読《よ》んだそうだが、やっぱり白眉《はくび》は『オリエント急《きゅう》行殺人事件《こうさつじんじけん》』だ、と言《い》っている。

かわいさクラス一

あ！佐々木《ささき》のじいさん白《しろ》い眉《まゆ》がある！
木《き》に関《かん》しては白眉《はくび》——言葉《ことば》どおりになってるよ
わしはただ年《とし》をとっただけじゃよ
そうしたらわしもそろそろ頭《あたま》がよくなりますかのう？
え…？
眉《まゆ》が白《しろ》くなったら優秀《ゆうしゅう》になれるんじゃろ？
根本的《こんぽんてき》にわかっていない友蔵《ともぞう》であった——

はてんこう 破天荒

意味《いみ》

今《いま》までだれにもできなかったようなことをやること。

語源《ごげん》

むかし中国《ちゅうごく》には役人《やくにん》になるための科挙《かきょ》というむずかしい試験《しけん》があり、荊州《けいしゅう》からの合格者《ごうかくしゃ》は一人《ひとり》も出《で》ませんでした。そこで世間《せけん》では荊州《けいしゅう》を「天《てん》荒《こう》」（未開《みかい》の荒地《あれち》）と呼《よ》んでいました。ところがついに合格者《ごうかくしゃ》が出《で》ました。驚《おどろ》いた人々《ひとびと》はこの者《もの》を、天荒《てんこう》を破《やぶ》った者《もの》、「破天荒《はてんこう》」と呼《よ》びました。

ここから、今《いま》までに例《れい》のなかったことや飛《と》びぬけたことなどを「破《は》天荒《てんこう》」と言《い》うようになりました。

使《つか》い方《かた》

駅前《えきまえ》のスーパーでは、日曜日《にちようび》には野菜《やさい》ならどれでも一束《たば》百円《えん》で売《う》るという。その**破天荒《はてんこう》**な商売《しょうばい》に地元《じもと》の人《ひと》たちも大喜《おおよろこ》び、日曜日《にちようび》にはスーパーの前《まえ》に長《なが》い列《れつ》ができている

3期連続
学級委員！

いいな 花輪《はなわ》くんは 将来《しょうらい》に 不安《ふあん》がなくて
どうしてだい ベイビー
お金持《かねも》ち だもん 将来《しょうらい》 安心《あんしん》 安全《あんぜん》 楽《らく》ちんじゃん
人生《じんせい》はそう 単純《たんじゅん》じゃないんだよ
ボクは破天荒《はてんこう》な人生《じんせい》にも あこがれてるんだ
ハテンコォ？
えっ!?
うそっ 花輪《はなわ》くん 転校《てんこう》しないでっ
わーっ
は？

むじゅん
矛盾

さっさと食《た》べなさい
早食《はやぐ》いするとおなかこわすよ

意味《いみ》

二《ふた》つのことがらが食《く》い違《ちが》って、つじつまが合《あ》わないこと。りくつに合《あ》わないこと。

語源《ごげん》

むかし中国《ちゅうごく》の商人《しょうにん》が矛《ほこ》（両側《りょうがわ》が刃《は》になった剣《けん》に長《なが》い柄《え》をつけた武器《ぶき》）と盾《たて》（矛《ほこ》などを防《ふせ》ぐ厚《あつ》い板《いた》でできた武具《ぶぐ》）を売《う》っていました。商人《しょうにん》はまず盾《たて》を取《と》り上《あ》げて人々《ひとびと》に見《み》せ、「さあ、この盾《たて》の丈夫《じょうぶ》で強《つよ》いことといったら、どんなするどいものでも突《つ》き通《とお》すことはできないよ！」と言《い》いました。次《つぎ》に矛《ほこ》を取《と》り上《あ》げ、「さあ、この矛《ほこ》のするどいことといったら、どんなに堅《かた》いものでも突《つ》き通《とお》してしまうよ！」と自慢《じまん》しました。お客《きゃく》の一人《ひとり》が「それじゃ、あんたのその矛《ほこ》でその盾《たて》を突《つ》いたらどうなるんだい？」と尋《たず》ねると、商人《しょうにん》は返事《へんじ》に困《こま》ってしまいました。ここから、つじつまが合《あ》わないことを「矛盾《むじゅん》している」と言《い》うようになりました。

使《つか》い方《かた》

お母《かあ》さんとバーゲンセールに行《い》った。「あら、このスカートいいわね」「このセーターも！」次《つぎ》から次《つぎ》へと買《か》っていくお母《かあ》さん。いつも「お小《こ》遣《づか》いはよーく考《かんが》えて使《つか》いなさい」と言《い》ってるのに**矛盾《むじゅん》**してないかな。

雪のように白い黒猫じゃった

もっとことばを知《し》りたいきみへ

いろいろなことばの語源《ごげん》がわかったね。
もっとことばの力《ちから》をつけたいきみへ、
おすすめの本《ほん》をしょうかいするよ。

好評発売中《こうひょうはつばいちゅう》！

［ちびまる子《こ》ちゃんの
表現力《ひょうげんりょく》をつける
ことば教室《きょうしつ》］

［ちびまる子《こ》ちゃんの
表現力《ひょうげんりょく》をつける
ことば教室《きょうしつ》②］

『ちびまる子《こ》ちゃんの語源教室《ごげんきょうしつ》』参考文献《さんこうぶんけん》

- 日本国語大辞典《にほんこくごだいじてん》（日本国語大辞典編集委員会《にほんこくごだいじてんへんしゅういいんかい》　小学館国語辞典編集部《しょうがくかんこくごじてんへんしゅうぶ》　小学館《しょうがくかん》）
- ことばの由来《ゆらい》（堀井令以知《ほりいれいいち》著《ちょ》　岩波書店《いわなみしょてん》）
- 〈目《め》からウロコ〉の　日本語《にほんご》「語源《ごげん》」辞典《じてん》（学研辞典編集部《がっけんじてんへんしゅうぶ》編《へん》　学習研究社《がくしゅうけんきゅうしゃ》）
- 日本語《にほんご》の「語源《ごげん》」ものしり辞典《じてん》（板坂元《いたさかげん》　大和出版《だいわしゅっぱん》）
- 歴史《れきし》から生《う》まれた日常語《にちじょうご》の由来辞典《ゆらいじてん》（武光誠《たけみつまこと》　東京堂出版《とうきょうどうしゅっぱん》）
- 暮《く》らしのことば　語源辞典《ごげんじてん》（山口佳紀《やまぐちよしのり》編《へん》　講談社《こうだんしゃ》）
- 学研《がっけん》まんが事典《じてん》シリーズ　おもしろことば語源事典《ごげんじてん》（飛田良文《ひだよしふみ》監修《かんしゅう》　学習研究社《がくしゅうけんきゅうしゃ》）
- 語源《ごげん》のたのしみ（岩淵悦太郎《いわぶちえつたろう》著《ちょ》　河出書房新社《かわでしょぼうしんしゃ》）
- 語源《ごげん》　なるほどそうだったのか！（興津要《おきつかなめ》　日本実業出版社《にほんじつぎょうしゅっぱんしゃ》）
- 講座日本語《こうざにほんご》の語彙《ごい》　語誌《ごし》Ⅰ・Ⅱ・Ⅲ（佐藤喜代治《さとうきよじ》編《へん》　明治書院《めいじしょいん》）
- 江戸《えど》ことば・東京《とうきょう》ことば（松村明《まつむらあきら》著《ちょ》　教育出版《きょういくしゅっぱん》）
- くらしの中《なか》の仏教語《ぶっきょうご》（山下民城《やましたたみき》著《ちょ》　冬樹社《とうじゅしゃ》）
- 日本語《にほんご》の語源《ごげん》（阪倉篤義《さかくらあつよし》　講談社《こうだんしゃ》）

ちびまる子《こ》ちゃんの

ことわざ教室《きょうしつ》

コラムことわざ新聞《しんぶん》入《い》り

続《ぞく》ことわざ教室《きょうしつ》

いろはカルタまんが入《い》り

四字熟語教室《よじじゅくごきょうしつ》

コラム四字熟語《よじじゅくご》新聞《しんぶん》入《い》り

続四字熟語教室《ぞくよじじゅくごきょうしつ》

さらに四字熟語《よじじゅくご》にくわしくなれる

慣用句教室《かんようくきょうしつ》

コラム慣用句《かんようく》新聞《しんぶん》入《い》り

続慣用句教室《ぞくかんようくきょうしつ》

もっと慣用句《かんようく》にくわしくなれる

暗誦百人一首《あんしょうひゃくにんいっしゅ》

コラム暗誦新聞《あんしょうしんぶん》入《い》り

似《に》たもの漢字使《かんじつか》い分《わ》け教室《きょうしつ》

同音異義語《どうおんいぎご》、反対語《はんたいご》、類語《るいご》など

読《よ》めるとたのしい難読漢字教室《なんどくかんじきょうしつ》

難《むずか》しい読《よ》み方《かた》や特別《とくべつ》な読《よ》み方《かた》の漢字《かんじ》

俳句教室《はいくきょうしつ》

俳人《はいじん》の伝記《でんき》まんが入《い》り

語源教室《ごげんきょうしつ》

語源《ごげん》たんけんニュース入《い》り

敬語教室《けいごきょうしつ》

コラム敬語新聞《けいごしんぶん》入《い》り

作文教室《さくぶんきょうしつ》

中学入試《ちゅうがくにゅうし》にも対応《たいおう》

かん字《じ》じてん①

一《いち》、二年生《にねんせい》向《む》き

漢字辞典《かんじじてん》②

二《に》～四年生《よねんせい》向《む》き

漢字辞典《かんじじてん》③

五《ご》、六年生《ろくねんせい》向《む》き

短歌教室《たんかきょうしつ》

短歌《たんか》100首《しゅ》を解説《かいせつ》

古典教室《こてんきょうしつ》

まんがで読《よ》む古典作品《こてんさくひん》

表現力《ひょうげんりょく》をつけることば教室《きょうしつ》

長文読解《ちょうぶんどっかい》、記述《きじゅつ》問題《もんだい》の対策《たいさく》にも

表現力《ひょうげんりょく》をつけることば教室《きょうしつ》2

ことばの力《ちから》をさらにつけよう!!

英語教室《えいごきょうしつ》 CD《シーディー》付《つ》き

会話《かいわ》や歌《うた》で英語《えいご》に親《した》しもう

小学生英語《しょうがくせいえいご》 CD《シーディー》付《つ》き

授業《じゅぎょう》にも役立《やくだ》つ英語入門《えいごにゅうもん》

春夏秋冬教室《しゅんかしゅうとうきょうしつ》

季節《きせつ》のことばと行事《ぎょうじ》を楽《たの》しむ

文法教室《ぶんぽうきょうしつ》

文《ぶん》の基本《きほん》をまんがで読《よ》む

読書感想文教室《どくしょかんそうぶんきょうしつ》

苦手《にがて》な読書感想文《どくしょかんそうぶん》が好《す》きになれる

かけ算《ざん》わり算《ざん》

かけ算九九《ざんくく》から筆算《ひっさん》まで

分数《ぶんすう》・小数《しょうすう》

分数《ぶんすう》と小数《しょうすう》の計算《けいさん》の仕組《しく》みがたのしくわかる

計算力《けいさんりょく》をつける

すばやく正確《せいかく》に、計算《けいさん》ができるようになる

自由研究《じゆうけんきゅう》

テーマの決《き》めかたからまとめかたまで

なぞなぞ ようちえん

おやくだちべんきょうページ入《い》り

なぞなぞ 1年生《ねんせい》

けんきゅうはっぴょう入《い》り

なぞなぞ 2年生《ねんせい》

まるちゃんのなんでもノート入《い》り

なぞなぞ 3年生《ねんせい》

まる子新聞《こしんぶん》ふろく入《い》り

なぞなぞ 365日《にち》

1年《ねん》で365このなぞなぞにチャレンジ!

まちがいさがし

よく見《み》てくらべて集中力《しゅうちゅうりょく》アップ

めいろあそび

考《かんが》える力《ちから》がしぜんに身《み》につく

満点ゲットシリーズ
ちびまる子ちゃんの 語源教室

2005年7月31日　第1刷発行
2021年10月6日　第12刷発行

●キャラクター原作／さくらももこ
●著者／荒尾禎秀
●まんが原案／菊池真理子／沢田とろ
●ちびまる子ちゃんまんが／菊池朋子／相川晴／葉月みどり
●カバー・イラスト／小泉晃子
●編集協力／沖永信子
●カバー・表紙デザイン／ZOO（曽根陽子）
●本文・カバー裏デザイン／ICE（石江延勝／石川亜紀／高村尚美）

発行人　北畠輝幸
発行所　株式会社　集英社
〒101-8050　東京都千代田区一ツ橋2丁目5番地10号
電話　【編集部】03-3230-6024
【読者係】03-3230-6080
【販売部】03-3230-6393（書店専用）

印刷製本所　大日本印刷株式会社

ISBN4-08-314031-3 C8381